1일
1단어
1분으로 끝내는
환경공부

1일 1단어 1분으로 끝내는 환경공부

초판 1쇄 인쇄 2026년 3월 17일
초판 1쇄 발행 2026년 3월 27일

지은이 조성화
펴낸이 김종길
펴낸 곳 글담출판사 **브랜드** 글담출판

기획편집 이경숙·김보라 **영업홍보** 김지수
디자인 손소정 **관리** 이현정

출판등록 1998년 12월 30일 제2013-000314호
주소 (04091) 서울시 마포구 토정로222 한국출판콘텐츠센터 309호
전화 (02) 998-7030 **팩스** (02) 998-7924
블로그 blog.naver.com/geuldam4u **이메일** geuldam4u@geuldam.com

ISBN 979-11-24423-01-1 (44080)
　　　 979-11-91309-15-7 (세트)

만든 사람들
책임편집 김보라 **디자인** 손소정 **교정교열** 상상벼리

글담출판에서는 참신한 발상, 따뜻한 시선을 가진 원고를 기다리고 있습니다.
원고는 아래의 투고용 이메일을 이용해 보내주세요. 여러분의 소중한 경험과 지식을 나누세요.
이메일 to_geuldam@geuldam.com

1일 1단어 1분으로 끝내는 환경공부

조성화 지음

글담출판

환경 공부는 세상을 향한 '다정한 관심'에서 시작됩니다

혹시 요즘 뉴스에서 '기후 위기'나 '플라스틱 섬' 같은 단어를 본 적 있나요? 아니면 갑자기 쏟아지는 폭우나 뿌연 미세먼지를 겪으며 "지구가 정말 많이 아픈 것 같아!"라고 걱정해 본 적은 없나요?

'환경'은 교과서 속의 딱딱한 이론이 아니에요. 우리가 매일 먹는 음식, 입는 옷, 그리고 앞으로 여러분이 살아갈 미래와 아주 깊숙하게 연결되어 있답니다. 그래서 환경을 공부한다는 것은 단순히 지식을 쌓는 일이 아니라, 지구라는 커다란 집에서 우리가 어떻게 하면 다 함께 행복하게 살 수 있을지 그 방법을 찾아가는 과정이에요.

『1일 1단어 1분으로 끝내는 환경공부』는 바로 그런 과정에 관심 갖고 있는 여러분을 돕기 위해 쓴 책입니다. 공부라고 해서 너무 어렵게 생각하지 않아도 됩니다. 하루 중 가장 여유로운 시간, 딱 1분만 지구를 위해 시간을 내어 주세요.

처음부터 순서대로 읽지 않아도 됩니다. 궁금한 곳부터 펼쳐봐도 좋아요. 차례를 훑어보다가 "어? 이건 왜 이럴까?" 하고 호기심이 생기는 주제부터 먼저 읽어 보세요. 읽은 후에는 내용을 되새기며 나만의 질문을 던져 보세요. "나라면 어떻게 했을까?"라고 스스로에게 물어봐 주세요. 그 작은 질문 하나가 세상을 바꾸는 소중한 시작이 됩니다. 마지막으로, 주변에 이야기를 들려주세요. 새롭게 알게 된 흥미로운 사실이 있다면 친구나 가족에게 이야기해 보세요. 함께 대화하다 보면 환경 공부가 훨씬 더 즐거워질 거예요.

이 책은 총 6개의 장으로 나뉘어 있어요.

1장 〈환경과 생명〉에서는 우리 곁의 동식물들 그리고 생명의 근원인 깨끗한 물의 소중함을 느껴볼 수 있어요. 2장 〈환경과 위기〉에서는 지구가 왜 점점 뜨거워지는지, 지구가 우리에게 보내는 절박한 신호들을 분석해요. 3장 〈환경과 생태계〉에서는 갯벌부터 아마존까지, 모든 생명이 보이지 않는 끈으로 어떻게 연결되어 있는지 살펴봐요. 4장 〈환경과 에너지, 윤리〉에서는 우리가 에너지를 쓰고 물건을 소비할 때 어떤 마음가짐을 가져야 하는지 함께 고민해요. 5장 〈환경과 질병, 사고〉에서는 과거의 환경 사고들을 통해 우리가 반복하지 말아야 할 실수와 책임들을 배워요. 6장 〈환경을 지키기 위한 노력〉에서는 하나뿐인 지구를 지키기 위해 전 세계 사람들이 약속한 소중한 규칙들을 소개해요.

환경 공부는 세상을 향한 '다정한 관심'에서 시작돼요. 이 책을 다 읽고 나면, 무심코 지나쳤던 길가의 풀 한 포기나 매일 쓰는 일회용품이 예전과는 조금 다르게 보일 거예요. 자, 그럼 이제부터 하루 1분, 기분 좋은 공부를 시작해 볼까요?

2026년 3월

조성화

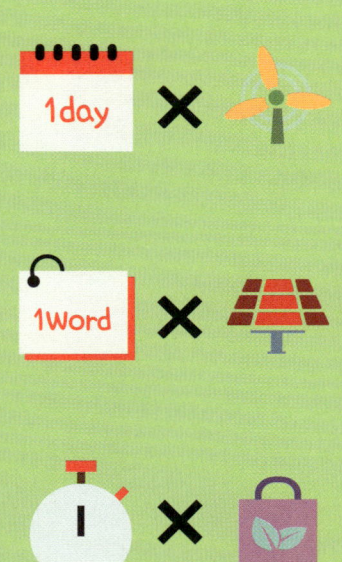

차 례

2장 환경과 위기

5장 환경과 질병, 중대 사고

6장   환경을 지키기 위한 국제적 노력

1장

환경과 생명

☑ 수인성 전염병
☐ 생태 발자국
☐ 반려동물과 야생동물
☐ 생태계 교란 생물
☐ 서식지 파괴
☐ 공장식 축산
☐ 인수 공통 감염병
☐ 천성산 도롱뇽
☐ 침묵의 봄, 성장의 한계
☐ 바이오스피어 2 프로젝트
☐ GMO
☐ 플라스틱

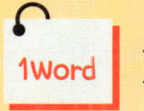 

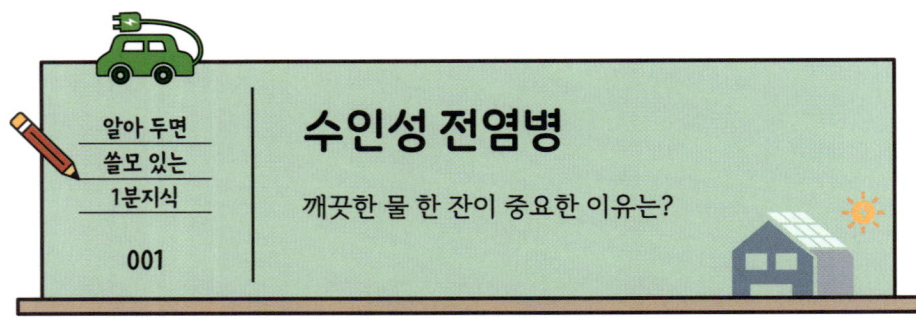

알아 두면
쓸모 있는
1분지식

001

수인성 전염병

깨끗한 물 한 잔이 중요한 이유는?

물은 사람 몸의 신진대사 전반에 매우 중요한 역할을 하며, 몸을 구성하는 성분 중 가장 큰 비율을 차지하고 있습니다. 물은 사람 몸무게의 50~70퍼센트 정도를, 혈액의 90퍼센트 정도를 차지하며, 근육의 70퍼센트, 뼈의 약 25퍼센트 정도가 물로 구성되어 있습니다. 우리 몸 대부분이 물이라고 해도 과언이 아닐 정도입니다. 그래서 몸속 물 가운데 단 1퍼센트만 부족해도 물 부족에 따른 증상을 스스로 느낄 수 있으며, 20퍼센트 정도가 부족해지면 목숨을 잃을 가능성이 크게 높아집니다. 만에 하나 조난을 당하는 등 낯선 공간에서 긴 시간 생존해야 하는 상황에 처한다면 가장 먼저 확보해야 하는 것은 마실 수 있는 깨끗한 물입니다.

사람들은 깨끗한 물을 확보하는 것이 건강과 위생에 매우 중요하다는 사실을 오래전부터 잘 알고 있었습니다. 기록에 따르면, 기원전 2,000년경 고대 그리스인들과 산스크리트인들은 미생물에 대한 지식이 없었음에도 더러운 물을 그대로 마시면 안 된다는 것을 알았기에 물을 끓여 마시거나 모래나 자갈을 이용해 불순물을 걸러 마셨습니다. 기원전 1,500년경 이집트 람세스 2세의 무덤 벽화를 보면, 이집트인들이 화학 물질을 이용해서 물속 불순물을 응집시키는 수처리 기술을 가지고 있었음을 추정할 수 있습니다. 아주 오래전부터 우리 인류는 물을 깨끗하게 만들기 위한 기술을 발전시켜 온 것입니다.

깨끗한 마실 물을 얻기 위한 현대식 수처리 방식은 1854년 영국의 과학자 존 스노Jonn Snow가 개발했습니다. 존 스노는 콜레라 발생 원인이 오염된 물이라는 사실을 밝히고, 오염된 물을 처리하기 위해 염소를 이용한 소독을 시도했습니다. 이는 지금도 우리가 사용하는 방식이며 이렇게

사용한 물도 깨끗하게 처리해야 생태계가 건강해집니다.

사람이 먹는 물을 깨끗하게 하는 방법을 상수 처리라고 합니다.

마시는 물을 처리하는 것 못지않게 중요한 것이 사용 후에 버려지는 물을 다시 깨끗하게 만드는 일입니다. 더러워진 물이 자연에 그대로 버려지면 물과 토양이 오염되고, 이는 사람에게 병으로 돌아올 가능성이 높습니다. 따라서 오염된 물을 물리적, 화학적인 방법을 활용해서 깨끗하게 하는데, 이를 하수 처리라고 부릅니다.

더러워진 물이 사람의 건강에 해를 끼치는 것은 물속에 있는 병원균이 사람 몸속으로 들어와서 병을 일으키기 때문입니다. 이렇게 물을 통해 전파되며 사람에게 병을 일으키는 미생물을 '수인성 병원성 미생물'이라고 부릅니다. 이러한 미생물에 의해서 발생하는 병들은 사람을 죽음에 이르게 하는 것들이 많기 때문에 매우 위험합니다. 개발 도상국의 경우에는 여전히 많은 사람들이 이와 관련된 질병으로 목숨을 잃고 있습니다.

그나마 다행인 것은 간단한 처리 방식으로 수인성 병원성 미생물을 제거하고 물을 깨끗하게 만들 수 있다는 것입니다. 그래서 최근에는 개발 도상국의 사람들이 깨끗한 물을 마실 수 있도록 국가의 지원, 기업의 기술 이전, 개인의 후원이 늘어나고 있고, 이에 따라 수인성 질병 발생률도 점차 낮아지고 있습니다.

생태 발자국

인류가 지금처럼 살아가려면
몇 개의 지구가 더 필요할까?

인류가 살아가는 데 지구의 자원은 충분한 것일까요? 혹시 지구가 어느 정도 시간이 지나면 스스로 다시 생산해 주는 자원들(재생 가능한 자원)의 생산 속도보다 인류가 자원을 소모하는 속도가 더 빠르지는 않을까요? 인류가 배출하는 폐기물을 지구가 충분하게 수용하고 분해할 수 있을까요? 결국 우리 인류가 살아가는 데 지구라는 행성은 충분히 지속 가능한 것일까요?

이러한 질문들에 대한 고민의 결과가 '생태 발자국ecological footprint'이라는 개념입니다. 생태 발자국은 1990년대 초 캐나다 생태학자 윌리엄 리스William Rees와 대학원생 마티스 웨커네이걸Mathis Weckernagel이 개발한 지표로, 인류가 매일 소비하는 자원과 배출되는 폐기물을 처리하는 데 필요한 모든 비용을 '토지 면적'으로 환산한 수치입니다. 그리고 이러한 토지 면적을 사람들이 직관적으로 이해하기 쉽도록 발자국이라는 단어로 표현했습니다.

이들에 따르면 1960년대 초, 인류의 생태 발자국은 지구의 절반 정도 크기였고, 1980년대 중반에 지구 1개 크기에 도달했으며, 현재는 지구 2개 정도가 있어야 감당할 수 있는 수준으로 커졌습니다.

흔히 이러한 상황을 은행에 예금해 놓은 원금을 까먹는 상황으로 비유합니다. 생태 발자국이 지구 1개보다 작았던 1980년대 중반 이전까지는 은행에 예금해 놓은 원금에서 발생하는 이자로 사는 것과 같기 때문에 원금(지구의 자원)이 줄어들지 않았습니다. 하지만 지구 1개 크기보다 생태 발자국이 커진 이후에는 이자를 모두 사용하고도 부족해서 원금을 쓰면서 삶을 유지하는 상황이 되었습니다. 원금을 소모하기 시작한 지 벌써 40년이 넘었으니 빠른 속도로 원금이 줄어들고 있

생태 발자국을 줄여야 하나뿐인 지구를 지킬 수 있습니다.

으며 당연히 이는 지속 가능하지 못한 구조입니다.

생태 발자국의 크기는 국가마다 다른데, 우리나라는 지구가 4~5개 정도 있어야 감당할 수 있는 수준의 삶을 살고 있다고 합니다. 지구 전체 평균(2개 정도)보다 훨씬 높은 수준으로 자원을 소모하고 폐기물을 배출하고 있는 것입니다. 안타까운 것은 우리나라를 포함해 지구에서 살고 있는 대부분의 사람들이 현재 삶에 만족하지 못하고 생태 발자국을 더 크게 만들기를 원하고 있다는 것입니다.

이미 인류 전체로 보면 지구와 같은 행성이 하나 더 있어야 감당할 수 있을 정도의 상황이고, 우리나라와 같이 경제적으로 꽤나 부유한 국가들은 이보다 더한 상황임에도 많은 사람들은 지금보다 더 높은 경제적 수준을 원하고 있습니다. 아이러니한 것은 경제적으로 부유한 국가의 국민들에게는 자원이 부족해서 문제가 발생하기보다는 자원을 너무 많이 사용해서 발생하는 문제가 훨씬 크다는 것입니다. 예를 들어 선진국에서는 경제적으로 어려운 시민들을 지원하는 예산보다 다이어트를 위한 비용을 수십 배 더 많이 쓰고, 비만으로 인한 병을 치료하는 비용이 필수 의료를 위해 사용하는 비용을 넘어선 지 오래입니다. 생태 발자국을 크게 만들면서 오히려 문제를 키우는 셈입니다.

지금까지 우리 인류는 별다른 고민 없이 무조건 더 많이 갖기 위해 애써 왔습니다. 하지만 이제는 이런 노력을 잠시 멈추고 너무 과해서 문제가 되는 것은 없는지 살펴봐야 하는 시점이 되었습니다. 지구는 단 하나이기 때문입니다.

반려동물과 야생동물

반려동물이 많아지면
동물 전체의 권리도 높아질까?

최근 통계에 따르면 우리나라 가정집에서 반려동물을 키우는 비율이 25퍼센트를 넘어섰다고 합니다. 네 가구 중 한 가구에서 반려동물을 키우고 있는 셈이니 꽤 높은 비율이지요. 이 덕분에 이제 우리는 실내외 어디에서나 반려동물을 볼 수 있고 반려동물과 사람이 함께 살아가기 위한 에티켓을 지키며 살고 있습니다. 그리고 반려동물을 키우는 사람들이 모여서 반려동물이 더 존중받을 수 있도록 하기 위한 노력을 하고 있는데, 개를 식용으로 사용하지 못하게 하는 법을 만든 것이 대표적인 예라고 할 수 있습니다.

사람들이 반려동물에 대한 관심이 높아졌으니, 자연스럽게 동물 전체에 대한 관심도 높아지고, 동물 전체의 권리가 함께 높아지고 있을까요? 인간 중심적인 사고를 해 왔던 우리가 이제는 동물을 배려하거나 동물의 입장에서 생각하는 의사 결정을 하고 있을까요? 아쉽게도 그런 수준은 아닙니다. 아직 반려동물에 대한 관심과 사랑은 딱 반려동물에게까지만 머물러 있는 것이 현실입니다.

지금 이 순간에도 우리나라의 도시는 확장되어 가면서 자연 공간이 줄어들고 있고, 가로세로로 도로들이 생겨나면서 자연 공간이 쪼개지고 있습니다. 이러한 변화들은 야생 동물의 입장에서는 살아가는 데 치명적으로 작용하며, 이미 대부분의 대형 야생 동물은 이런 이유로 우리나라에서 자취를 감췄습니다. 그나마 남아 있는 야생 동물들조차도 산업화 과정에서 지속적인 위협을 받고 있고, 파편화된 도로에서

도시가 확장도 면서 야생 동물들이 서식지를 잃었습니다.

로드킬을 당하거나 사람들의 영역과 삶의 영역이 겹친다는 이유로 죽음을 맞이하기도 합니다. 어찌 보면 야생 동물이 원래 그 지역에 살고 있었고, 나중에 들어간 것이 우리 인간인데도 죽임을 당하는 것은 야생 동물입니다.

지금 이 글을 보고 있는 여러분의 집에도 사랑스러운 반려동물이 있을 수 있습니다. 아니면 주변에 가까운 친척이나 친구, 지인의 집에 한 마리 정도의 반려동물은 있을 것입니다. 우리는 그런 반려동물에게 아낌없는 사랑을 주고 보살펴 줍니다. 그 존재 자체에 대한 애정과 사랑의 표시입니다. 그리고 인간 이외의 종을 아끼고 사랑하는 이런 마음은 매우 바람직한 감정입니다. 그렇다면 이제 그 애정과 사랑을 한 단계만 더 넓혀 보는 것은 어떨까요?

혹시 내가 살고 있는 지역에서 멸종의 위협을 받고 있는 생물이 있는지 찾아보고 그 생물의 보전을 위해 노력해 보는 것은 어떨까요? 또는 내가 살고 있는 지역이 개발되는 과정에서 사라진 동물은 없는지 찾아보는 것은 어떨까요? 만약 이런 일이 너무 어렵게 느껴진다면 반려동물을 바라보는 그 사랑스러운 눈빛으로, 우리와 같은 공간에서 살아가는 이름 모를 새와 곤충, 나무, 야생 동물을 바라보는 시도를 해 보는 것은 어떨까요? 이러한 작은 시도가 인간과 동물이 지구에서 오랫동안 행복하게 공존할 수 있는 해결책이 될 것입니다.

생태계 교란 생물

외부에서 온 생물이 어떻게
토착 생태계를 흔들까?

'황소개구리, 큰입배스, 뉴트리아, 가시박.' 이 생물들의 공통점은 무엇일까요? 이 생물들은 원래 우리나라에서 살지 않은 종이었는데, 지금은 우리나라에 들어와서 살고 있는 외래종입니다. 그리고 우리나라 생태계에 퍼지면서 토착 생물에 큰 영향을 미치며 생태계를 변화시키고 있는 생태계 교란 생물이기도 합니다.

'외래종'은 다른 나라에서 인위적 또는 자연적인 원인으로 우리나라에 들어와 본래의 서식지를 벗어나 살아가는 생물을 의미합니다. 이러한 외래종 중에서 우리나라 생태계에 좋지 않은 영향을 줄 가능성이 높은 종들을 따로 관리하고 있는데, 이러한 종을 '생태계 교란 생물'이라고 부릅니다.

최근에는 다른 나라에서 들어온 생물종에만 생태계 교란 생물을 지정하는 것이 아니라 국내에서의 지역 간 이동을 통해 생태계를 교란하거나 교란할 우려가 있는 경우에도 포괄적으로 적용하고 있습니다. 기후에너지환경부의 생태계 교란 생물 지정 기준은 다음과 같습니다.

· 유입주의 생물 및 외래생물 중 생태계의 균형을 교란하거나 교란할 우려가 있는 생물
· 유입주의 생물이나 외래생물에 해당하지 아니하는 생물 중 특정 지역에서 생태계의 균형을 교란하거나 교란할 우려가 있는 생물

애완용이었던 붉은귀거북은 생태계 교란종이 되었습니다.

우리나라의 대표적인 생태계 교란종에는 어떤 생물이 있을까요?

전국 대부분의 하천과 호수, 저수지에 살고 있는 '붉은귀거북'은 대표적인 생태계 교란종입니다. 애완용으로 키우기 좋다는 이유로 우리나라에서 인기가 많았는데 자연에 버려지거나 방생되는 개체가 늘어나면서 전국 각지에 확산된 상황입니다. 붉은귀거북은 수중 식물인 물갈퀴류를 먹는데, 이 식물이 줄어들면 수중 먹이 사슬에 큰 변화가 생기게 됩니다. 또한 마땅한 경쟁 생물이나 천적이 없어서 개체가 빠르게 늘어나는 것도 문제입니다.

다른 생태계 교란종으로 설치류인 뉴트리아가 있습니다. 뉴트리아는 주로 나무 줄기와 가지, 새싹을 먹어 식물의 성장을 저해하고, 먹이를 찾기 위해 토양을 파고들기도 합니다. 이 과정에서 토양의 구조와 성분이 바뀔 수 있고, 땅속 다른 생물들에게도 영향을 미치게 됩니다.

그렇다면 생태계 교란종은 모두 나쁠까요? 사람들이 국내에 들여온 후 예상치 못한 문제들이 발생하자 그 종들을 나쁜 시선으로 바라보는 경향이 있습니다. 없애 버려야 하는 종이라고 생각하는 사람들도 많습니다. 그들 스스로 원해서 들어온 것이 아닌 황소개구리, 붉은귀거북, 큰입배스, 뉴트리아는 정말 나쁜 생물인지 한번 생각해 보기 바랍니다.

서식지 파괴

오랑우탄이 멸종 위기에 처한 이유는?

야생 생물이 살아가는 데 위협이 되거나 멸종까지 이르게 되는 가장 큰 원인이 무엇일까요? 산업화 이후 자연에 미치는 인간의 영향이 지나치게 커졌고, 그중에서도 '서식지 파괴'가 야생 생물의 삶을 파괴하는 가장 큰 원인입니다. 국제 자연 보전 연맹 International Union for Conservation of Nature and Natural resources, IUCN에 따르면 서식지 파괴로 인해 멸종 위기종 중 조류와 포유류의 86퍼센트, 양서류의 88퍼센트가 위협을 받고 있다고 합니다. 멸종 위기에 처한 생물의 서식지가 대부분 보호받지 못하고 있는 것이고, 이는 멸종을 가속화할 것으로 예상됩니다.

열대 우림은 지구에서 생물 다양성이 가장 높은 서식지입니다. 그런데 우리 인류는 매년 약 9만 제곱킬로미터의 열대 우림을 훼손하고 있습니다. 이는 우리 남한 면적(약 10만 제곱킬로미터)보다 조금 작은 크기로, 매년 남한 면적의 열대 우림이 사라지고 있다는 것을 의미합니다. 그리고 이 과정에서 많은 생물종이 함께 사라진다는 것은 쉽게 짐작할 수 있습니다.

말레이시아, 인도네시아, 파푸아 뉴기니 등에서는 팜유 농장을 만들기 위해 열대 우림을 파괴하고 있는데, 이 지역에 서식하고 있는 오랑우탄이 이로 인한 피해를 가장 많이 입는 동물입니다. 전문가들은 이 지역에 살고 있는 오랑우탄이 10년 이내에 멸종할 가능성이 매우 높다고 경고하고 있습니다.

세계 최대 규모의 열대 우림인 아마존도 인간의 식량을 생산하기 위해 불태워지거나 불법으로 대규모 벌목을 하고 있어 빠르게 훼손되고 있습니다. 열대 우림의 파괴는 그 지역에 살고 있는 동식물의 서식지 파괴 문제와 함께, 열대 우림의 식물에 고정되어 있던 탄소가 대기 중으로 방출되는

팜유 농장에 서식지를 빼앗긴 오랑우탄은 이제 멸종 위기에 처했습니다.

결과를 초래하기 때문에 기후 변화 문제를 가속화하는 문제도 일으키고 있습니다.

우리는 농업이나 축산, 주거, 수자원 개발, 여가 및 야외 활동, 산불에 의한 교란, 산업화로 인한 각종 오염 물질 배출 등으로 야생 동물의 서식지를 파괴하고 있습니다. 특히 벌목이나 도로 건설, 댐 건설은 하나로 이어져 있던 서식지를 여러 개의 작고 고립된 서식지로 분할하는데, 이러한 현상을 '서식지 파편화 또는 조각화'라고 합니다. 하나의 서식지는 중심부와 가장자리의 환경이 다르고 위치에 따라 살아가는 생물종도 다릅니다. 만약 서식지가 작게 쪼개지면 중심부 환경의 질이 나빠지거나, 중심부라고 부를 만한 공간이 사라지고 생물종 감소로 이어지게 됩니다.

대형 야생 동물의 경우에는 일정 공간 이상의 서식지가 필요한 경우가 많습니다. 짝짓기나 출산, 육아를 하거나 먹이 활동 등의 이유로 넓은 공간이 필요한 것입니다. 만약 대형 야생 동물이 살고 있는 서식지가 조각나면, 생존에 필요한 조건이 영향을 받게 될 가능성이 높아지고 자연스럽게 멸종으로 이어지게 됩니다.

결국 지구에 인간이 점점 많아지고, 인간의 활동이 자연환경을 침범하면서 야생 생물의 서식지가 파괴되고, 그 결과 많은 생물종이 지구에서 사라지고 있습니다. 더 늦기 전에 지구에서 인간과 야생 생물이 서식지를 함께 공유하며 살아가는 방법을 진지하게 고민해 볼 필요가 있습니다.

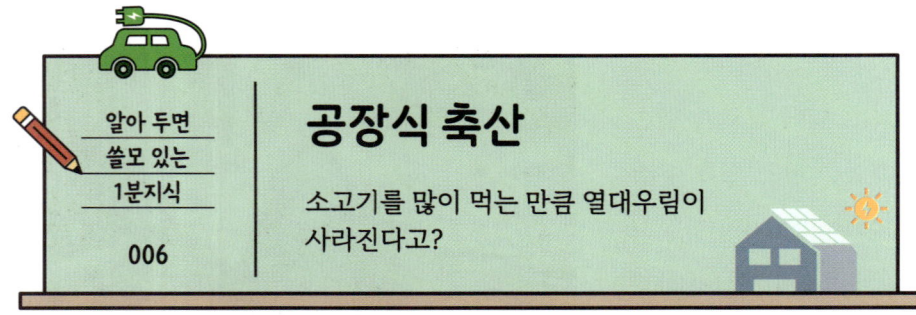

공장식 축산

소고기를 많이 먹는 만큼 열대우림이
사라진다고?

인간은 여러 분야에서 온실가스를 배출하며 기후 변화를 일으키고 있습니다. 우리가 사용하는 물건을 만들어 내는 산업 분야, 이동을 위한 교통 분야, 전기와 같은 에너지 분야, 먹거리 중 농업과 축산 분야, 어디에 살고 있는지에 해당하는 주택 분야 등에서 온실가스가 배출되고 있습니다. 그렇다면 가장 많은 온실가스를 배출하는 분야는 무엇일까요?

국가마다, 지역마다 순위는 약간 달라질 수 있는데, 지구 전체적으로 보면 먹거리 중 축산 분야가 전체 온실가스 배출량 1위(14.5퍼센트)를 차지하고 있습니다. 산업이 13퍼센트, 교통이 14퍼센트, 에너지 생산 13퍼센트, 농업과 주택이 각각 10퍼센트인 것을 감안하면 인간이 먹을 고기를 대량으로 생산하는 축산 분야의 비율이 매우 높다는 것을 알 수 있습니다.

축산이 온실가스 배출의 큰 비중을 차지하는 이유는, 동물을 기르는 과정에서 온실가스 중 메탄과 아산화 질소가 많이 배출되기 때문입니다. 유엔의 식량 농업 기구 Food and Agricultural Organization, FAO에 따르면 축산 분야에서 전체 메탄의 30~37퍼센트, 아산화 질소의 64퍼센트가 발생하며, 특히 소를 사육하는 과정에서 메탄과 아산화 질소가 대량으로 배출된다고 합니다. 메탄은 이산화 탄소보다 약 21배 강력한 온실가스이고, 아산화 질소는 이산화 탄소보다 300배 강력한 온실가스이기 때문에 적은 양으로도 큰 영향을 줍니다.

공장식 축산으로 인해 환경 오염뿐만 아니라 감염병 발생 위험도 높아지고 있습니다.

이렇게 축산 분야가 온실가스 배출 순위에서 1등을 차지할 수 있는 이유는, 인류의 식습관에서 육식의 비율이 급속도로 높아졌고, 이러한 수요를 맞추기 위해 공장식 대량 축산 시설이 많아졌기 때문입니다. 대규모 공장식 축산 시설을 유지하기 위해 몇 분 단위로 축구장 크기의 열대 우림이 사라지고 있습니다. 공장식 축산은 온실가스 배출 측면뿐만 아니라 동물의 권리(동물권), 인수 공통 감염병 발생(위생), 과도한 물 사용 등의 측면에서도 꾸준하게 문제가 제기되고 있습니다.

그래서 채식주의자들은 축산 분야의 이런 문제를 언급하며, 육식을 버리고 채식으로 식습관을 전환해야 한다고 주장합니다. 물론 모든 사람들이 육식을 전혀 하지 않는 식습관으로 전환하는 것은 쉬운 일이 아닙니다. 하지만 적어도 과할 정도로 고기를 먹는 식습관은 바꿀 필요가 있어 보입니다.

우리나라만 해도 하루 권장 칼로리에 비해, 칼로리 섭취가 너무 많아서 비만이나 성인병으로 고생하는 사람이 수를 셀 수 없을 정도로 많습니다. 개인의 건강 관리 측면과 기후 변화 대응 두 측면 모두에서 지금보다 육식을 줄일 필요가 있는 것입니다. 일상에서 먹고 있는 고기의 양이 얼마나 되는지 이번 기회에 한번 확인해 보건 좋을 것 같습니다.

인수 공통 감염병

질병 확산을 막기 위해 살아 있는
동물을 땅에 묻는다고?

'조류 인플루엔자(조류 독감), 광우병, 아프리카 돼지 열병'의 공통점은 무엇일까요? 모두 병에 걸린 동물을 죽음에 이르게 할 정도로 높은 치사율을 가지고 있고, 인간이 먹기 위해 가축으로 기르는 동물이며, 무엇보다 이 병들이 사람에게도 전염된다는 것입니다. 즉 조류 독감, 광우병, 아프리카 돼지 열병은 걸린 동물에게도 치명적이지만 사람에게 병이 옮을 수 있고, 병에 걸리면 사람도 위험합니다.

이렇게 동물들이 걸리는 병 중에서 인간도 걸리는 병이 있는데, 이런 병을 '인수 공통 감염병'이라고 합니다. 우리나라의 경우 4종이 인수 공통 감염병 제3급으로 지정되어 있습니다.

주요 인수 공통 감염병 제3급

병명	전염 동물	병명	전염 동물
공수병(광견병)	개, 여우, 박쥐, 설치류	유비저	가축
큐열	가축	브루셀라증	가축

누구나 한번쯤은 언론을 통해서 조류 독감이나 아프리카 돼지 열병에 대해 들어본 적이 있을 것입니다. 혹시 어떤 지역에 이 질병이 발생하면 그 지역의 가축들을 어떻게 처리했는지 기억하나요? 보통은 병이 발생한 지역의 관련 동물들을 모두 죽이고 땅에 묻습니다. 병의 확산을 막기 위한 방법인데, 이를 '살처분'이라고 부릅니다. 이렇게 질병의 확산을 막기 위해 감염 가능성이 있는 모든 동물을, 아직 병에 걸

리지 않은 동물도 땅에 묻어 죽이고, 일대를 소독하며 사람들의 통행을 막는 것이 현재 우리가 사용하고 있는 유일한 해법입니다.

가축이 건강해야 사람도 건강합니다.

문제는 이렇게 죽이는 동물의 숫자가 어마어마하게 많다는 것입니다. 해마다 차이가 있긴 하지만, 2010년 이후 조류 독감으로만 살처분되는 닭과 오리 숫자가 매년 수백 만에서 수천 만 마리에 달합니다. 정말 상상하기 힘든 숫자이며, 아프리카 돼지 열병이나 광우병이 확산되면 마찬가지로 돼지나 소를 죽이는 방법으로 해결합니다. 어떤 동물이든 질병의 발생은 위생 상태와 건강 상태에 큰 영향을 받습니다. 닭, 돼지, 소를 기르는 일반적인 방법인 공장식 대량 축사는 아무래도 위생에 취약할 수밖에 없고, 취약한 위생 상태에서 병이 생기고, 병이 생기면 동물을 죽이는 행위가 반복되고 있습니다.

아무리 우리가 식용을 목적으로 해서 대량으로 기르고 있는 가축이라 할지라도 가축도 하나의 생명입니다. 따라서 이들도 생명체로서 최소한의 존엄을 지킬 수 있도록 노력할 필요가 있습니다. 더 쾌적한 축사 환경, 건강을 지킬 수 있는 최소한의 조치들이 가축에게 충분히 제공될 필요가 있는 것입니다. 최근 농림축산식품부에서 부여하고 있는 '동물 복지 인증'은 바로 이런 최소한의 기준을 충족한 축사가 받을 수 있습니다.

천성산 도롱뇽

작은 생명을 지키는 일이 왜
법정 다툼까지 갔을까?

만약 인간 이외의 생명체들이 인간의 언어를 사용하고, 그들의 피해를 인간에게 주장할 수 있는 방법이 있다면 어떤 일이 벌어질까요? 특히 인간이 벌인 대규모 개발 과정에서 자신들이 살 곳을 잃었거나 동료들이 죽어 갔다면 그들은 어떤 말과 행동을 하게 될까요? 다소 엉뚱해 보이는 이런 생각을 기반으로 우리나라에서도 법적 소송이 제기된 적이 있는데, 그 주체가 천성산에 살고 있는 도롱뇽입니다.

사건은 지금 우리가 KTX라고 부르고 이용하는 고속철도(사업명: 경부고속철도 2단계 사업)를 만드는 과정에서 발생합니다. 대구와 부산 구간의 철도를 만드는 과정에서 금정산과 천성산 사이(26킬로미터)를 터널로 잇는 공사가 계획됩니다. 이 계획이 알려지자 환경 단체와 지역 주민들은 공사로 인해 심각한 환경 문제가 발생할 가능성이 높다고 우려하게 됩니다. 특히 불교계와 환경 단체는 무제치늪, 화엄늪 등 보존 가치가 높은 습지가 훼손되고 지하수가 고갈될 위험이 높으며, 자연 생태계의 심각한 파괴가 예상된다는 것을 근거로 노선 변경을 주장합니다. 하지만 정부는 이러한 주장을 받아들이지 않습니다.

2003년, 정부가 기존 노선을 유지하는 것으로 결론을 내리자, 환경 단체와 불교계는 천성산 도롱뇽을 원고로 내세워 '공사 착공 금지 가처분 소송(일명 도롱뇽 소송)'을 제기합니다. 1급수의 청정한 지역에서만 산다고 알려져 있는 도롱뇽의 입장에서 그들의 권리를 주장하는 법적 다툼이 시작된 것입니다. 이는 우리나라의 사법 역사상

서식지 파괴 위기에 처한 팔릴라는 원고 자격을 인정받았습니다.

처음으로 동식물이 법정 다툼의 주체로 등장한 사례여서 많은 관심을 모으게 됩니다. 하지만 2006년 대법원은 자연물인 도롱뇽의 당사자 능력(원고로 소송을 제기할 수 있는 능력)을 인정할 수 없다고 결정하며 소를 각하하고, 공사는 예정대로 진행되어 2010년 11월 동대구와 부산 구간의 고속철도가 개통됩니다.

비록 도롱뇽이 원고가 된 소송이 시작되지는 못했지만, 이 사건 이후로 대구모 개발 행위로 인해 동식물의 서식 환경이 크게 바뀌는 경우에 동식물을 원고로 한 소송 제기가 이어지게 됩니다. 대표적인 사례가 군산 복합 화력 발전소 건설을 둘러싸고 진행된 검은머리물떼새 소송입니다. 하지만 검은머리물떼새도 천성산 도롱뇽처럼 당사자 능력을 인정받지 못해서 소송이 정식으로 성립되지 못하고 끝나버립니다.

우리나라는 아직까지 동식물이 법적인 당사자 능력을 인정받지 못하고 있지만, 다른 나라의 경우에는 동식물의 당사자 능력을 인정한 사례들이 있습니다. 미국의 경우 하와이 주정부가 희귀 새인 팔릴라의 서식지를 파괴할 가능성이 높은 결정을 내리자 환경 단체 시에라 클럽Sierra Club은 팔릴라와 함께 공동 원고로 소송을 제기했고, 1979년 미국 법원은 팔릴라의 원고 적격을 인정합니다.

우리나라에서는 동식물이 법적 능력을 언제쯤 갖게 될까요? 그들의 법적 능력은 필요 없는 것일까요? 우리가 이 둔제에 대해 조금 더 진지한 관심을 가진다면 동식물이 원고로 등장하는 법정을 곧 보게 될 것입니다.

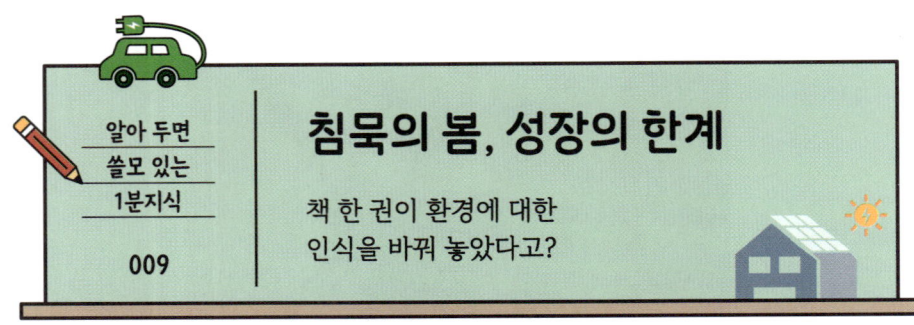

침묵의 봄, 성장의 한계

책 한 권이 환경에 대한
인식을 바꿔 놓았다고?

지금까지 환경 분야에서 출간된 수많은 책과 보고서 중에서 가장 유명하고, 영향력이 있는 책을 고르라고 하면 많은 사람들이 레이철 카슨Rachel Carson의『침묵의 봄 Silent Spring』을 꼽을 것입니다. 지금부터 60년도 더 전인 1962년에 출간된 이 책을 환경 분야에서 아직까지도 가장 영향력 있는 책으로 꼽는 이유는 이 책을 통해 자연환경에 대한 일반 시민들의 생각이 크게 바뀌었기 때문입니다.

『침묵의 봄』이 출간되기 전까지는 인간이 환경을 이용하고 파괴하는 것은 인간이 살아가기 위해 당연한 일로 여겨졌습니다. 그리고 인간이 환경을 이용하는 과정에서 환경에 영향을 미치더라도 이용한 이후의 일은 사람들의 관심사가 아니었습니다. 하지만『침묵의 봄』은 사람들의 활동이 자연에 영향을 주면 결국 생태계 전체가 영향을 받게 되고, 결과적으로 인간도 그 피해에서 자유롭지 못할 것이라는 메시지를 담고 있습니다. 사람들이 인간도 생태계의 일부라는 생각을 하게 된 것입니다.

카슨은『침묵의 봄』에서 화학 농약의 무분별한 이용으로 인해 발생할 수 있는 잠재적인 위협을 경고했습니다. 당시에는 농업 생산량을 늘리기 위해 유기 염소 계열의 농약인 DDT(dichlo-diphenyl-trichloroethane)를 널리 사용했습니다. 해충을 없애기 위해 사용한 DDT가 먹이 사슬을 통해 새들에게까지 농축되면, 그 결과 새들이 죽어서 사라진 조용한 봄을 맞이하게 된다는 것이 책의 핵심 내용입니다. 그리고 DDT는 새만 사라지게 하는 것이 아니라 당연히 인간에게까지 영향을 줄 것이라는 메시지를

인간이 결국 지구를 병들게 할 것이라는 경고는 여전히 유효합니다.

담고 있습니다. 결국 카슨은 당시까지 당연하게 받아들였던, 자연과 인간이 분리되어 있다는 생각을 바꿀 필요가 있음을 주장한 것입니다. 이러한 카슨의 노력이 결실을 맺어 1969년 미국은 「국가 환경 정책법National Environmental Policy Act, NEPA」을 제정했고 이후 전 세계적으로 환경 운동이 확산됩니다.

『침묵의 봄』과 같이 인간이 환경을 바라보는 관점을 바꿔야 한다고 주장한 또 다른 책으로 로마 클럽Roma Club의 기획 보고서 「성장의 한계The Limits to Growth」가 있습니다. 이 보고서는 1972년 로마 클럽의 경제학자 및 기업인들이 당시의 무분별한 경제 성장과 과학의 남용을 비판하기 위해 발표한 보고서입니다. 이 보고서에서는 '과도한 산업화, 자원 고갈, 오염 확산, 식량 생산 불균형, 인구의 과도한 증가'라는 다섯 가지 이유로 인류의 성장은 100년 안에 멈추게 될 것이라고 경고했습니다.

보고서가 발표된 지 50여 년이 지난 지금, 로마 클럽의 예측이 실제와는 차이가 나고 있어서 '성장의 한계'라는 개념이 틀렸다고 주장하는 사람들도 있습니다. 하지만 성장의 한계는 1970년대 이후 일반 시민들이 그동안 애써 무시했던 환경 오염에 대해 관심을 갖게 했다는 데 큰 의의가 있습니다. 그리고 이러한 경각심을 주는 메시지들 때문에 당시 예측과 현재가 달라진 것이라고 해석하는 것이 더 타당할 것입니다.

바이오스피어 2 프로젝트

인공적으로 또 다른
지구 생태계를 만들 수 있을까?

배우 맷 데이먼Matt Damon이 주연한 영화 「마션The Martian」을 보면, 화성에 고립된 주인공이 생존을 위해 하나의 독립 생태계를 만들어서 고군분투하는 이야기가 나옵니다. 만약 이 영화를 봤다면 지구에서 자원과 에너지를 공급받지 못하는 상황에서, 식량을 얻기 위해 식물을 심고 똥을 퇴비로 사용하며 생존해 가는 주인공의 모습을 재미있게 봤을 것입니다.

그런데 SF 영화에서나 다루는 이런 주제가 지구에서, 그것도 지금부터 30년도 더 전에 실제로 시도되었다는 것을 알고 있나요? 1991년에 진행된 '바이오스피어Biosphere 2' 프로젝트가 바로 그 시도입니다.

바이오스피어 2는 미국 애리조나주 오라클에서 진행된 인공 생태계 건설 프로젝트입니다. 연구자들이 햇빛을 제외한 모든 에너지와 물질의 상호 작용을 차단한 인공 생태계를 만들고, 과학자 여덟 명이 이 공간에 들어가서 2년 동안 살아가는 것을 목표로 한 실험이었습니다.

참고로 '바이오스피어'는 생물권을 뜻하는 단어로, 지구 자연 생태계를 '바이오스피어 1'로 상정하고, 이러한 생태계를 인공적으로 만들어 보겠다는 뜻에서 프로젝트 이름이 바이오스피어 2로 결정됩니다.

바이오스피어 2는 최대한 현재 지구와 비슷한 환경을 갖추도록 만들어졌는데, 실험 지역 안에 지구의 대표적인 자연 생태계들을 인공적으로 조성했으며, 안에서 살아가는 과학자들이 외부와의 물질 교환 없이 자급자족할 수 있게 기획했습니다. 또한 바이오스피어 2 생태계를 유지하기 위해 천장을 유리로 만들어 외부의 태양 광선을 받아들일 수 있도록 했습니다.

인공 생태계를 만들어 보려던 바이오스피어 2는 결국 실패했습니다.

바이오스피어 2의 전체 크기는 약 1.25헥타르(1만 2,500제곱미터)였으며, 유리 온실 같은 구조였습니다. 내부에는 열대 우림, 사바나, 사막, 바다, 습지 등 지구에서 볼 수 있는 다섯 가지 형태의 지역을 설치했고, 농경지와 거주지도 구분했습니다. 바이오스피어 2 안에 약 3,000종의 생물을 넣었으며, 열대 우림 지역에는 아마존에서 직접 가져온 300종의 식물을 심었습니다. 바다 지역에 넣을 산호초는 카리브해에서 직접 가져왔으며, 다양한 종류의 척추동물도 함께 넣었습니다.

이렇게 치밀한 계획을 세워 시작한 바이오스피어 2 프로젝트는 성공했을까요? 과학자 여덟 명은 2년 동안 실험 공간에서 잘 지냈을까요? 결과적으로 바이오스피어 2 실험은 1년 정도 시간이 지난 후 실패하게 됩니다. 실험 공간 안의 산소가 줄어드는 문제, 벌과 나비의 개체 수가 줄어들면서 식량 생산에 어려움을 겪게 된 점, 폐쇄된 공간에서 살아가는 사람들의 심리적인 불안 등을 해결하지 못했기 때문입니다.

바이오스피어 2 프로젝트 실패를 통해 우리가 알게 된 것은, 우리 인류는 아직까지 자급자족이 가능한 완벽한 독립 생태계를 만들지 못한다는 것입니다. 또한 완벽한 독립 생태계를 만든다고 하더라도 막대한 비용과 에너지, 노력이 들고 변수가 너무 많아서 유지가 불가능하다는 것도 알게 되었습니다. 만약 우리에게 꼭 필요한 것이 있는데, 그것을 만들 능력이 스스로에게 없다면 당연히 그것을 더 소중하게 대해야 합니다. 이것이 우리가 지구(바이오스피어 1)를 더욱 소중하게 대해야 하는 이유입니다.

GMO

생명체의 유전자 조작을
어디까지 허용해야 할까?

유전자 조작 생물체Genetically Modified Organism, GMO는 생명 공학 기술을 이용해 유전자를 조작한 생명체를 의미합니다. GMO 중에서 동물, 식물, 미생물과 같은 살아 있는 생명체Living Modified Organism를 LMO라고 부르는데, LMO는 살아 있는 생명체이기 때문에 생식과 번식을 할 수 있는 특징이 있습니다.

사람들이 생명체의 유전자를 조작하는 이유는 다양합니다. 농작물과 가축의 경우에는 상품성이나 경제성을 높이기 위한 경우가 많고, 의료용이나 산업용 물질을 얻기 위해 유전자를 조작하기도 합니다. 대표적인 GMO 작물로는 크기가 크고 오랜 기간 보관 가능한 토마토, 제초제 내성이 있고 동물성 단백질을 생산하는 콩, 냉해에 강한 딸기나 옥수수가 있습니다.

이렇게 GMO 기술은 유전자 조작을 통해 필요로 하는 결과물을 만들 수 있기 때문에 점점 많은 분야에서 활용되고 있습니다. 하지만 여전히 GMO에 대해 부정적인 시각이 있는 것도 사실입니다. 그 이유는 GMO 식품을 먹게 되면 자연 상태에서 존재하지 않았던 물질을 사람이 먹는 것이고, 그로 인해 예상치 못한 문제가 발생할 수 있다는 우려 때문입니다. 또한 GMO 식품이 개발된 지 얼마 되지 않았기 때문에, 지금은 괜찮더라도 오랜 시간이 지난 후에 문제가 발생할지도 모른다고 걱정하기도 합니다.

사실 현 시점에서 판매가 허용된 모든 GMO 식품은 각 국가가 지정한 까다로운

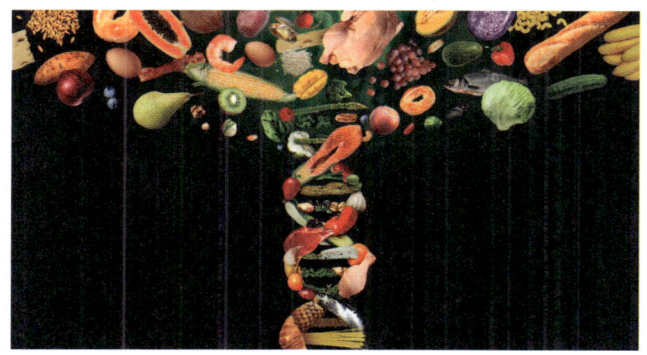

GMO 식품은 생물 다양성 문제와도 관련되어 있습니다.

안전성 평가를 통과한 것들입니다. 따라서 GMO 식품에 대해 과도한 걱정을 할 필요는 없다는 것이 전문가들의 일반적인 의견입니다.

우리나라도 실험 목적을 제외하면 GMO 농산물 재배 자체를 금지하고 있기 때문에 우리나라에서 재배되는 모든 농산물은 GMO가 아닙니다. 따라서 만약 GMO 식품이 걱정된다면 국내산 농산물을 애용하는 것으로 걱정을 덜 수 있습니다. 그리고 해외에서 수입되는 농산물 중에서도 여섯 가지 작물(대두, 옥수수, 카놀라, 면화, 사탕무, 알팔파)에 대해서만 GMO 수입이 허용되어 있습니다. 또 GMO 농산물이나 GMO 농산물이 포함된 식품을 판매할 경우에는 GMO 표기를 의무화하고 있습니다.

안전성 이외에 또 다른 문제는 GMO가 많아질수록 생물 다양성이 줄어든다는 것입니다. 아무래도 상품성이 좋은 씨앗이나 농작물이 시장 대부분을 차지할 가능성이 크기 때문입니다. 사실 이러한 걱정은 글로벌 종자 기업들의 영향력이 커진 이후 꾸준히 제기된 문제이기도 합니다.

최근에는 도시에서도 텃밭이나 자투리 공간에서 토종 씨앗을 이용해서 농사를 짓는 사람들이 늘어나고 있습니다. 이러한 활동은 안전하고 깨끗한 먹거리를 직접 생산하며, 토종 씨앗과 지역 먹거리의 지속 가능성을 높인다는 측면에서 의미가 있습니다.

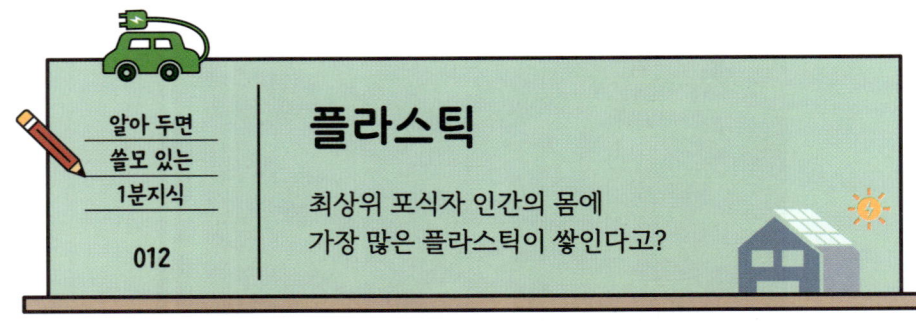

플라스틱

최상위 포식자 인간의 몸에
가장 많은 플라스틱이 쌓인다고?

현대인의 삶은 플라스틱으로 둘러싸여 있다고 해도 과언이 아닙니다. 플라스틱은 싸고 쉽게 만들 수 있으며, 무엇보다 안정적이어서 그 형태가 오래 유지됩니다. 그래서 지금 어디에서 이 책을 읽고 있든 주위를 둘러보면 플라스틱으로 만들어졌거나 플라스틱이 포함된 물건을 찾는 것은 너무 쉬울 것입니다. 오히려 주변에 플라스틱이 하나도 없는 공간을 찾는 것이 불가능할 지경이 되었습니다.

이렇게 편리하고 싸다는 이유로 지구 전체에서 매년 약 4억 톤의 플라스틱이 생산 및 사용되고 있습니다. 플라스틱이 자연 상태에서 완전히 분해되는 데 수백 년이 걸린다는 것을 생각해 보면, 매년 4억 톤의 플라스틱이 지구 어딘가에 새롭게 쌓이고 있다는 것을 알 수 있습니다.

혹시 태평양 한가운데 떠다니고 있다는 쓰레기섬에 대해 들어본 적이 있나요? 이 쓰레기섬을 구성하고 있는 쓰레기의 대부분이 바로 플라스틱입니다. 플라스틱은 물에 잘 뜨고 분해가 잘 되지 않기 때문에, 세계 곳곳에서 발생한 플라스틱 쓰레기가 하천을 따라 바다로 가고, 바다에서 해류를 타고 이동하다가 바다 한가운데 모여서 섬을 만든 것입니다.

플라스틱 중에서도 크기가 5밀리미터(1밀리미터 또는 더 작은 크기를 기준으로 정하기도 합니다)보다 작은 플라스틱을 '미세 플라스틱'이라고 부릅니다. 미세 플라스틱은 인위적으로 만들어지기도 하지만, 큰 플라스틱이 하천이나 바다에서 작은 알갱이로 부서지

매년 4억 톤의 플라스틱이 지구에 쌓입니다.

면서 생기는 경우가 많습니다.

미세 플라스틱은 크기가 작아서 하수 처리 시설에서 걸러지지 않고 강이나 바다에 흘러들어가게 됩니다. 그리그 이 작은 플라스틱을 물고기와 같은 해양 생물들이 먹이로 오인해서 먹게 됩니다. 미세 플라스틱은 생물체 안에서 분해되지 않고 쌓이기 때문에 문제를 일으키며, 먹이 사슬을 통해 상위 생물로 갈수록 점점 많은 미세 플라스틱이 몸속에 쌓이게 됩니다. 우리 인간은 최상위 포식자이기 때문에 지금 이 순간에도 음식을 통해 우리 몸속으로 플라스틱이 들어오고 있을 수 있습니다.

최근에는 수돗물이나 생수, 여러 음식에서도 많은 미세 플라스틱이 검출되고 있어서 사람들의 걱정이 점차 커지고 있습니다. 미세 플라스틱은 한번 생기면 제거할 방법이 마땅치 않습니다. 인간이나 생물들이 물이나 음식을 먹지 않고 생활하는 것도 불가능합니다. 따라서 지금부터라도 더 적극적으로 플라스틱 사용을 줄이고, 사용한 플라스틱은 철저한 분리배출을 통해 다시 사용할 필요가 있습니다.

전 지구적으로 일회용 플라스틱 제품 중에서 가장 많이 사용되는 것이 1회용 생수 용기라고 합니다. 따라서 일상생활에서 다회용 텀블러를 사용해서 물을 마시는 습관을 갖는 것만으로도 많은 양의 플라스틱 사용을 줄일 수 있습니다. 이번 기회에 집 안 어딘가에 있을 텀블러를 꺼내서 사용해 보길 바랍니다.

전쟁은 자연 환경에 어떤 상처를 남길까?
_전쟁과 환경 오염

2022년 2월 24일, 블라디미르 푸틴Vladimir Putin 대통령이 특별 군사 작전 개시 명령을 선언한 후 러시아가 우크라이나를 침공했습니다. 이 글을 쓰고 있는 현재도 아직 진행 중인 러시아-우크라이나 전쟁에서 많은 사람이 죽었습니다. 그럼에도 전쟁은 끝날 기미가 보이지 않고, 유럽 연합European Union, EU과 미국 등 서방 국가들이 참전하면서 오히려 전쟁 규모가 점점 커졌습니다. 매우 걱정스러운 상황입니다.

그렇다면 전쟁은 관련된 국가의 당사자들에게만 나쁜 영향을 주는 것일까요? 당연히 그렇지 않습니다. 전쟁은 직간접적으로 환경에 영향을 줄 수밖에 없습니다. 일단 전쟁이 벌어지면 당사국들은 전쟁에서 이기는 것만 생각할 수밖에 없게 됩니다. 전쟁에서 이기기 위해 수많은 군인이 희생되거나, 도시나 산업 시설이 파괴되거나, 민간인을 대상으로 한 비윤리적인 행위가 벌어지는 경우도 있습니다.

사람의 목숨도 돌보지 않는 마당에, 자연환경은 전혀 고려 대상이 되지 못합니다. 대부분의 전쟁 무기들은 주변 자연환경을 초토화시키며, 상대국이 자원을 이용하지 못하게 하려고 불을 지르는 등 일부러 자연을 파괴하는 일도 서슴치 않습니다. 결국 전쟁은 인간의 삶과 자연 모두를 극단적으로 파괴합니다.

1990년 초에 벌어진 이라크의 쿠웨이트 침공에 이어 시작된 걸프전이 환경을 파

걸프 전쟁에서 석유 저장 시설이 파괴되면서 대규모 토양 오염이 발생했습니다.

괴한 최악의 사례입니다. 1990년 8월 이라크가 쿠웨이트를 무력으로 점령하면서 시작된 이 전쟁은 1991년 1월에 유엔군이 반격을 시작하면서 치열한 전투가 벌어졌고 이 과정에서 대규모 환경 재난이 발생했습니다.

이라크군은 전세가 불리해지자 쿠웨이트에서 철수하면서 환경 테러를 저질렀습니다. 석유를 유조선에 싣는 항구를 폭격해서 100만 톤이 넘는 석유가 바다로 유출되었고, 석유가 이동하는 송유관과 저장 시설까지 파괴하면서 대규모 토양 오염이 발생했습니다. 전쟁이 아닌 시기에 이런 사고가 발생했다면, 오일펜스Oil fence를 치거나 오염된 토양을 바로 정화했겠지만 전쟁 중이었기 때문에 이런 조치는 전혀 이루어지지 않았습니다. 결국 걸프 전쟁 중 발생한 석유 유출은 역대 최악의 기름 유출 사고로 기록되었습니다.

우리나라도 1950년 6·25전쟁을 겪었고, 전 국토가 황폐화되었습니다. 지금도 우리는 여전히 휴전 국가입니다. 휴전선 부근에서는 시야 확보를 이유로 정기적으로 불을 지르고, 군사 훈련은 환경을 고려하지 않고 진행됩니다. 전쟁과 환경의 관계에 더 관심을 갖고, 다시는 전쟁이 일어나지 않도록 모두가 노력할 필요가 있습니다.

2장

환경과 위기

- ☑ 기후 변화
- ☐ 태양 복사 에너지
- ☐ 온실가스
- ☐ 멸종
- ☐ 부영양화
- ☐ 해양 산성화
- ☐ 극지방 생태계 파괴
- ☐ 엘니뇨와 라니냐
- ☐ 산불
- ☐ 산성비
- ☐ 미세 먼지

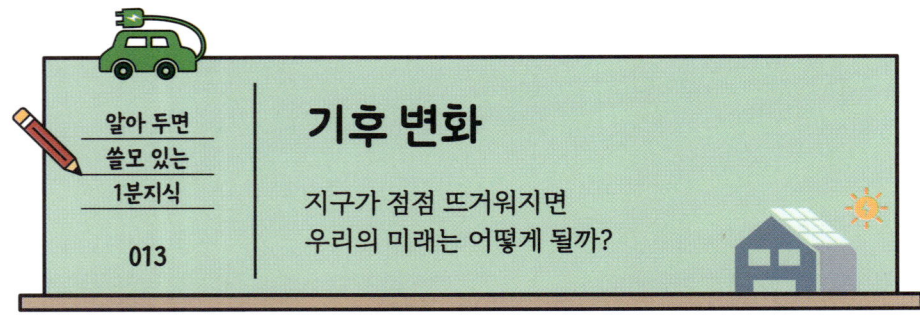

기후 변화

지구가 점점 뜨거워지면
우리의 미래는 어떻게 될까?

최고의 석학, 연구자, 정치인, 글로벌 기업 최고 경영자에게 현존하는 가장 큰 문제가 무엇인지 물어본다면, 단언컨대 '기후 변화'가 1등을 차지할 것입니다. 매년 스위스 다보스에서 열리는 세계 경제 포럼World Economic Forum, WEF에 참여하는 사람들은 경제가 발전하는 데 가장 큰 걸림돌이 기후 변화라고 말합니다. 사회적 불평등이나 난민, 전쟁 등의 주제를 다룰 때도 기후 변화는 중요한 원인에서 빠지지 않습니다.

따라서 기후 변화가 진행되고 있는 지금을 살고 있는 현 인류는 그 누구보다 기후 변화에 대해 잘 이해하고 대응해 나갈 필요가 있습니다. 기후 변화에 관한 정부 간 협의체Intergovernmental Panel on Climate Change, IPCC에 따르면 기후 변화는 '수십 년 또는 그 이상의 장기간에 걸쳐 기후의 평균 상태가 통계적으로 의미 있는 변동을 하는 것으로, 인간 행위로 인한 것과 자연적인 변동에 따른 것 모두를 포함한다'라고 정의됩니다.

종종 기후 변화는 인간과 상관없이 자연적으로 벌어지는 일이기 때문에 인간의 책임이 없다거나(또는 인간이 대응할 수 없다거나), 아니면 반대로 인간에 의해서 벌어진 일이기 때문에 인간이 100퍼센트 책임을 져야 한다는 논쟁을 들어본 적이 있을 것입니다. 기후 변화가 누구 때문에 벌어졌는가라는 원인을 따지고, 그 책임과 대응을 이야기하는 논쟁입니다. 이 글을 읽은 여러분들은 앞으로 이런 소모적인 논쟁에 빠지지 않기를 바랍니다.

왜냐하면 앞선 IPCC의 기후 변화에 대한 정의에 잘 나타나 있는 것처럼, 기후 변화는 자연적인 원인 또는 인위적인 원인 한 가지만으로 벌어지는 일이 아니고, 이 두 원인이 함께 작동하기 때문입니다. 물론 어떤 원인이 더 큰지, 만약 지금이 자연적으로도 따뜻해지는 시기가 아니었다면 인위적인 원인만으로 기

기후 변화는 모두가 함께 대처해야 합니다.

후가 이렇게 변할 수 있을지 등을 따져볼 수 있지만, 이 역시 그렇게 중요한 논의라고 볼 수 없습니다.

안타깝게도 현재는 자연적(오랜 기간 지구의 기후 변화 주기)으로 봤을 때 점점 더 워지는 시기인데, 사람들이 더워지고 있는 지구를 더 덥게 만들고 있는 상황입니다. 그리고 많은 전문가들은 이 두 원인이 상승 작용을 일으켜 더 급격하게 기후 변화가 일어나고 있다고 해석하고 있습니다.

따라서 지금 우리가 관심을 가져야 하는 것은 현재 급속도로 벌어지고 있는 기후 변화에 어떻게 대응할 것인지, 혹시 우리 인류가 변화하는 기후의 속도를 완화할 수 있는 방법이 있는지, 있다면 누가 어떤 방법으로 해 나갈 것인지 같은 문제들이라고 할 수 있습니다. 지금까지의 소모적인 논쟁에서 벗어나 바람직한 미래를 만들기 위해 힘을 모아야 합니다.

혹시 앞으로 누군가에게 "기후 변화는 자연적으로 벌어지는 일이라서 사람의 책임은 없어"라는 말을 듣게 된다면, 다음과 같이 단호하게 말해 주길 바랍니다. "지금 그걸 따질 때가 아니야. 누구 때문이든 큰 위험이 이미 다가왔고 우린 그걸 해결하기 위해 행동해야 해!"

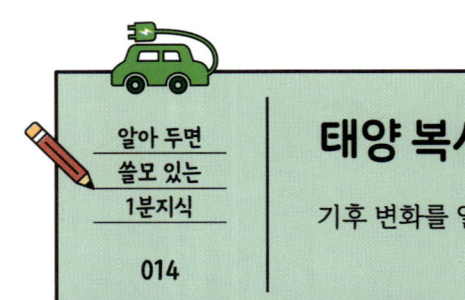

태양 복사 에너지

기후 변화를 일으키는 자연적 원인은?

기후 변화는 인간의 영향에 의해서만 발생하는 것이 아닙니다. 지구에 인간이 없던 시기에도 기후는 끊임없이 변했으며, 지금 이 순간에도 자연적인 원인들이 기후 변화에 영향을 주고 있습니다. 대표적인 원인으로는 태양 복사 에너지의 변화, 지구 공전 궤도 변화, 화산 활동 또는 조산 운동이 있습니다.

태양 복사 에너지는 기후 변화에 영향을 주는데, 태양 복사 에너지가 많아지면 지구 기온은 상승하고, 태양 복사 에너지가 적어지면 지구 기온은 내려갑니다. 태양 흑점 변화가 태양 복사 에너지 변화에 영향을 준다고 알려져 있는데, 태양 복사 에너지는 흑점이 많을 때 커지고 흑점이 적을 때 줄어듭니다. 최근 흑점 주기를 보면, 2014년에 흑점이 가장 많았고(약 150개), 2020년에는 흑점이 0에 가깝게 내려갔습니다. 태양 흑점 변화만으로 지구 평균 기온의 변화를 해석한다면, 2014년부터 2020년까지는 흑점이 줄어든 기간이기 때문에 지구 평균 기온이 내려갔어야 하지만 반대로 상승하는 양상을 보였습니다. 이를 통해 지구 기온을 태양 흑점 변화라는 하나의 원인으로만 해석하거나 예측할 수 없음을 알 수 있습니다.

기후 변화의 자연적 원인 중 또 다른 하나는 천문학자 밀루틴 밀란코비치Milutin Milankovitch가 주장해서 밀란코비치 이론으로 불리는 지구 공전 궤도의 변화와 기후 변화의 관계입니다. 밀란코비치 이론에 따르면 지구가 자전과 공전을 할 때 지구와 태양 사이의 거리가 달라지는데, 이로 인해 지구에 도달하는 태양 에너지에 변화가

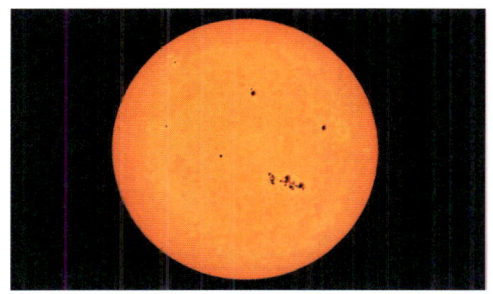

태양 흑점 수는 태양 복사 에너지의 양에 영향을 줍니다.

생기고, 결국 기후 변화가 발생한다는 것입니다. 이 이론은 밀란코비치가 계산한 값과 고대 기후 예측값이 잘 맞아 떨어지기 때문에 많은 사람들의 지지를 받고 있습니다. 특히 밀란코비치 이론에 따르면 현재는 지구와 태양이 가까워지는 시기이므로, 지구 기온이 상승하는 이유가 잘 설명됩니다. 기후 변화가 자연적인 현상이라고 주장하던 사람들이 밀란코비치 이론을 그 근거로 활용하는 것도 이 때문입니다.

하지만 기후 변화는 자연적 원인과 인위적인 원인이 복합적으로 작용하는 것으로 밝혀졌습니다. 따라서 밀란코비치 이론이 사실이더라도, 하필이면 자연적으로 온난화가 진행되는 시기에 사람들이 이를 더 가속화시킨다고 해석하는 것이 타당하다고 할 수 있습니다.

지구 온난화의 또 다른 자연적 원인으로 화산 활동이 있습니다. 화산 활동이 활발해지면 많은 양의 화산재가 대기 중에 방출되는데, 이 중 일부는 성층권까지 올라가서 오랜 시간 머물면서 태양 복사를 반사합니다. 이렇게 되면 지구 표면에 도달하는 태양 에너지가 감소하기 때문에 지표면 온도가 낮아집니다. 실제로 1991년 폭발한 필리핀의 피나투보 화산은 약 2,000만 톤의 이산화 황과 화산재를 방출했고, 이로 인해 당시 약 3년 동안 지구 평균 기온이 0.2~0.5℃ 낮아졌습니다.

온실가스

이산화 탄소 담요 때문에
지구가 점점 더워지고 있다고?

기후 변화의 두 원인 중 인위적 원인에 대해 조금 더 자세히 알아보겠습니다. 기후 변화가 일어나는 인위적인 원인은 대기 중에 인간 활동으로 '온실가스' 농도가 높아지기 때문입니다. 온실가스로 인해 온실 효과가 가속화되어, 대기의 평균 온도가 상승하고 기후 변화가 일어나는 것입니다. 인간 활동에 의해 발생한 지구 온실가스 배출량은 산업화 이전부터 조금씩 증가해 왔으며, 산업화 이후 급격하게 증가하고 있습니다.

온실가스는 지표에서 나오는 장파 복사(지구 복사)를 흡수해서 일종의 담요와 같은 역할을 합니다. 인간 활동으로 대기 중 온실가스 배출량이 많아지고, 온실가스 농도가 높아짐에 따라 이 효과가 강화되고 있는 것입니다. 한 예로 온실가스 중 가장 영향력이 큰 이산화 탄소의 대기 중 농도는 산업화 이후 약 40퍼센트가 증가했는데 이는 주로 화석 연료 사용 때문입니다. 이렇게 배출된 이산화 탄소는 대기 중에서 머무르며 지구 대기의 화학적 조성을 변화시키고 기후 변화를 유발하고 있습니다.

기후 변화는 에어로졸aerosol에도 영향을 받습니다. 에어로졸이란 대기 중에 부유하는 미세 입자로, 액체나 고체의 입자가 공기 중에 미세한 형태로 균일하게 분포되어 있는 것을 말합니다. 이들의 크기, 농도, 화학적 조성은 매우 다양해서 대기에 직접 방출되는 것, 이미 방출된 화합물로부터 새롭게 생성되는 것도 있습니다. 산업화 이후 화석 연료 사용과 바이오매스biomass 연소로 황 화합물, 유기 화합물, 검댕을 함

온실가스가 담요 역할을 하면서 지구의 온도는 더 높아지고 있습니다.

유하는 에어로졸이 증가했으며, 이는 기후 변화에 영향을 미치고 있습니다.

모든 에어로졸이 기후 변화에 동일한 영향을 주는 것은 아닙니다. 에어로졸 중 상대적으로 어두운 에어로졸은 태양빛(태양 복사)을 흡수해서 대기 온도를 높이지만, 모래 알갱이와 같은 밝은 에어로졸은 태양빛을 반사해서 대기 온도를 떨어뜨리기도 합니다. 산업화 이후 인간 활동이 증가하면서 대기 중에 어두운 에어로졸이 증가하고 있어 대기 온도를 높이는 데 기여하고 있는 상황입니다. 인간 활동으로 인해 발생한 에어로졸의 경우 산업 단지와 같은 발원 지역 부근에 집중되는 경향을 보입니다.

토지 피복 변화와 산림 파괴도 기후 변화에 영향을 주는 인위적 원인입니다. 과도한 토지 이용, 도로의 건설, 벌목, 농업 확장, 도시화 및 산업화로 인한 삼림 파괴는 지표면의 반사율을 변화시켜 기후 변화를 일으킵니다. 산림을 과도하게 파괴하면 물 순환에 심각한 영향을 미쳐 나무의 성장이나 농업에 부정적 영향을 주고, 물 순환 변화로 건조한 지역이 많아지면 산불 발생 빈도가 높아져 나무가 불에 타면서 이산화 탄소 배출이 늘어나게 됩니다.

이렇게 기후 변화를 일으키는 인간의 활동은 다양한데, 주로 산업화 이후 급속도로 늘어난 인구가 지구에 과도한 영향을 미치면서 발생하게 된 것들이라고 볼 수 있습니다.

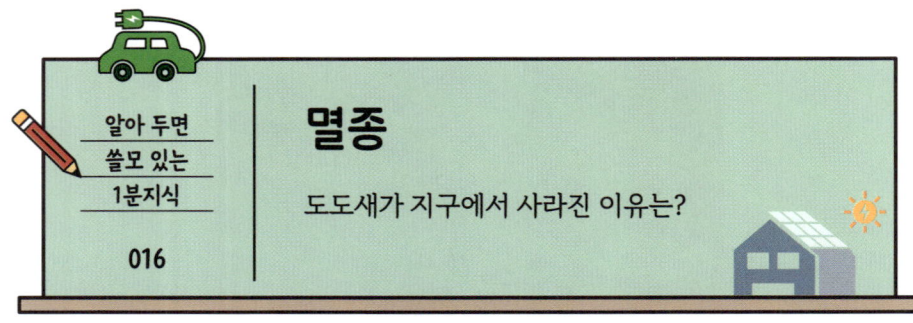

멸종

도도새가 지구에서 사라진 이유는?

매머드, 공룡, 도도새의 공통점은 무엇일까요? 과거에는 지구에 살았지만, 현재는 지구상 어디에서도 발견할 수 없는 종이라는 것입니다. 이렇게 어떤 종이 지구상에서 영원히 사라지는 현상을 멸종이라고 합니다. 멸종은 자연적으로 일어나기도 하지만, 인간 활동이 원인인 경우도 많습니다.

멸종은 크게 자연적 멸종과 인위적 멸종으로 나눌 수 있습니다. 자연적 멸종은 화산 폭발, 소행성 충돌, 자연적 기후 변화와 같은 지구의 자연적인 변화로 인해 일어납니다. 이는 생태계에 큰 변화를 가져오고, 그 결과 일부 종이 멸종할 수 있습니다.

인위적 멸종은 인간의 활동으로 인해 벌어집니다. 대표적인 인위적 멸종 원인으로는 환경 파괴를 들 수 있습니다. 인간의 활동으로 인해 환경(서식지)이 파괴되면, 종들이 살 수 있는 공간이 사라져 멸종에 이르게 됩니다. 또한 인간이 특정 생물을 지나치게 많이 사냥하면, 종의 개체 수가 감소해 멸종에 이르는데, 이러한 행위를 남획이라고 합니다. 최근에는 기후 변화가 심해지고 있고, 인위적 원인의 급속한 기후 변화는 멸종의 심각한 원인이 되고 있습니다. 이외에도 인간이 전파한 질병으로 인해 멸종에 이르는 경우도 있습니다.

연구에 따르면, 지구 역사상 다섯 번의 대멸종이 발생했다고 합니다. 대멸종은 단기간에 많은 종이 멸종하는 현상을 말하는데, 지금까지 다섯 번의 대멸종을 간단히 정리하면 다음과 같습니다.

· 1차 대멸종 – 오르도비스기(4억 4,000만 년 전): 고생대 오르도비스기 말기에 갑작스러운 기후 변화로 빙하기가 오면서 생태계가 파괴되고 해양 생물 80퍼센트가 멸종했습니다.

백악기 말기 대멸종의 원인은 소행성 추락으로 측정됩니다.

· 2차 대멸종 – 데본기(3억 7,000만 년 전): 고생대 데본기 말, 화산 폭발과 초신성 대폭발의 영향으로 기온이 급격하게 낮아져서 해양 생태계와 지상 생태계 모두에서 광범위한 멸종이 일어났습니다.

· 3차 대멸종 – 페름기(2억 4,500만 년 전): 고생대 페름기 말, 활발해진 화산 활동과 대규모 산불로 지구 역사상 가장 큰 규모의 멸종이 발생합니다. 당시 지구 생명체 중 약 96퍼센트가 멸종했다고 추정됩니다.

· 4차 대멸종 – 트라이아스기(2억 1,500만 년 전): 중생대 트라이아스기 말에 발생한 대멸종으로 지구에 소행성이 충돌하면서 육지 생물의 약 80퍼센트가, 해양 생물의 약 20퍼센트가 멸종했다고 추정됩니다.

· 5차 대멸종 – 백악기(6,500만 년 전): 중생대 백악기 말 지구에 소행성이 떨어져 공룡이 멸종한 사건을 말합니다. 당시 공룡을 포함해 약 75퍼센트의 생물이 멸종했습니다.

현재 지구는 여섯 번째 대멸종 위기를 맞고 있다고 분석하는 과학자들이 많습니다. 인위적 원인에 의한 지구 온난화, 환경 파괴, 남획 등으로 인해 종 다양성이 극격히 감소하고 있기 때문입니다. 과학자들은 현재의 속도라면 21세기 말까지 10퍼센트 이상의 생물이 멸종할 것으로 예측하고 있습니다.

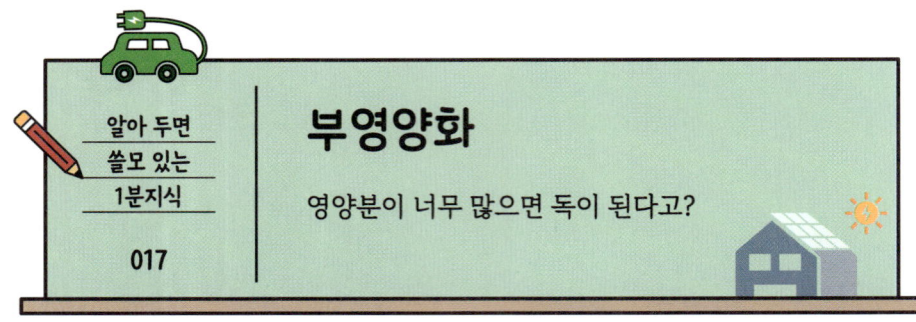

부영양화

영양분이 너무 많으면 독이 된다고?

영양분은 생명체에 꼭 필요한 성분으로, 생명을 유지하고 성장하는 데 도움을 줍니다. 하지만 좋은 영양분도 인간의 몸속에 너무 많이 들어오면 비만이나 당뇨와 같은 병이 생기게 됩니다. 무엇이든 적정 수준 이상으로 많아지면 문제가 될 수 있는 것입니다. 같은 맥락으로 자연환경에도 특정 장소에 영양소가 너무 많아지면 문제가 되는데, 이러한 현상을 부영양화라고 합니다.

부영양화는 수질이나 토양에 지나치게 많은 영양소가 존재하게 됨으로써, 그곳에서 살아가는 생물에게 나쁜 영향을 미치는 현상을 말합니다. 영양분 중에서 주로 질소(N)와 인(P)이 많아질 때 발생하며, 이는 대부분 인간 활동의 결과입니다.

부영양화가 발생하면 다양한 문제가 발생합니다. 물에 질소나 인이 많아지면 식물성 박테리아와 조류의 번식이 빨라지고 이로 인해 물속 산소가 급속히 줄어들게 됩니다. 물속 산소가 줄어들면 물고기와 같은 수중 생물이 숨을 쉴 수 없어 죽게 됩니다. 이 과정에서 식물성 박테리아나 조류가 많아지면서 물의 색이 붉은색, 초록색, 갈색 등으로 변하기도 하는데, 이를 적조 또는 녹조라고 부릅니다.

지하수나 지표수에 영향분이 많아져서 부영양화되면, 사람이 마시는 물 공급에도 문제가 생깁니다. 특히 지하수에 인과 질소 농도가 높아지면 악취가 나고, 더 이상 사람이 마시는 용도로 사용할 수 없게 됩니다.

우리나라는 과거에 부영양화 현상이 자주 발생했습니다. 한강 유역이나 낙동강

부영양화로 인해 녹조가 발생하면 수중 생물이 살 수 없습니다.

유역과 같이 도시화가 빠르게 진행됐거나 농업 또는 산업 활동이 많은 곳에서 부영양화 발생 빈도가 높아서 적조가 발생하거나 물고기가 폐사하는 등의 문제가 발생하기도 했습니다.

최근에는 이러한 문제를 해결하기 위해 농업에서 적정 수준의 비료 사용을 유도하고, 하수 처리 시설을 늘리고 처리 방법을 강화하며, 산업 시설의 배출수를 엄격하게 관리하는 노력을 기울이고 있습니다. 또한 주요 하천과 연안을 지속적으로 감시함으로써 물 생태계 보호를 위해 노력하고 있습니다.

인간과 생물에 피해를 주는 부영양화의 원인

농업 활동	농업에서 식물의 성장에 도움을 주기 위해 사용하는 비료는 질소와 인을 다량으로 함유하고 있습니다. 만약 비료를 과다하게 사용하면, 식물로 흡수되지 않은 질소와 인이 농지의 토양에서 지하수나 강, 호수로 흘러들어 부영양화를 일으키게 됩니다. 농업에서 적정한 양의 비료를 사용하는 것이 중요한 이유입니다.
도시화 및 산업 활동	도시화가 진행되면 도시에서 살아가는 사람들에 의해 다량의 하수가 배출됩니다. 또한 산업 활동 과정에서 폐수가 발생하기도 합니다. 이러한 하수와 폐수에는 질소와 인 등의 영양분이 다량으로 포함된 경우가 많기 때문에 부영양화의 원인이 됩니다.
폐수 처리 부족	영양분이 다량으로 포함된 하수나 폐수가 발생하더라도 적절한 처리가 이루어지면 부영양화를 막을 수 있습니다. 하지만 하수 처리 시설이 부족하거나 처리 시설 용량을 초과한 하수와 폐수가 발생해서 처리가 이루어지지 않을 경우에는 영양물질이 자연환경으로 배출되어 부영양화가 발생합니다.

해양 산성화

이산화 탄소 배출량이 많아지면
조개껍데기가 사라진다고?

어떤 액체가 산성인지 또는 알칼리성인지를 나타내는 지표로 수소 이온 농도, 즉 pH를 사용하고 있습니다. 일반적으로 pH 7을 기준으로 7일 때 중성, 7보다 작으면 산성, 7보다 크면 알칼리성으로 구분합니다. 바닷물도 pH에 따라서 정상 상태와 산성 상태를 구분하는데, 해양 산성화는 바다의 pH가 낮아져서 해양 생태계에 부정적인 영향을 주는 현상을 말합니다.

해양 산성화의 진행 정도, 즉 산성화가 심각한지 또는 그렇지 않은지를 확인하는 기준은 다음과 같습니다.

· 정상 상태: 해수의 pH가 8.1 이상일 때 해수는 정상 상태입니다. 정상적인 해수의 pH가 중성 기준인 7보다 높은 약알칼리성을 띠는 이유는 바닷물에 염분, 광물 등

해양 산성화가 일어나는 과정

1단계 대기 중 이산화 탄소 증가	2단계 이산화 탄소의 해수 이동	3단계 탄산화 반응	4단계 해양 산성화 및 pH 감소
산업 활동, 내연기관 자동차 운행, 에너지 생산 등에서 화석 연료가 연소되면 대기 중 이산화 탄소 농도 증가	대기와 해양 표면은 끊임없이 상호 작용을 하기 때문에 많아진 대기 중 이산화 탄소가 해양 표면에 녹아들어 해수로 이동	해수로 녹아든 이산화 탄소가 물과 상호 작용해 탄산으로 변환	탄산화 반응으로 수소 이온이 증가하면 pH가 낮아지면서 해양 산성화 발생

해양 산성화는 산호와 조개류의 생존을 위협합니다.

다양한 물질이 섞여 있기 때문입니다.

· **위험 시작 단계**: pH가 8.0에서 7.8 사이일 때 해양 산성화가 진행 중이라고 볼 수 있습니다. 이 상태는 산호초와 같은 해양 생태계에 부정적인 영향을 미칠 가능성이 높아지며 위험이 시작되는 단계라고 볼 수 있습니다.

· **해양 산성화 상태**: pH가 7.8 미만이면 해양 산성화 상태입니다. 해양 산성화는 해양 생태계에 심각한 영향을 미치기 때문에 큰 문제라고 할 수 있습니다.

해수 중 이산화 탄소 증가로 산성화가 진행되면, 산호 동물의 석회화 능력이 저하되면서 산호초가 사라지게 됩니다. 같은 맥락에서 조개류도 석회화 능력이 저하되면, 조개껍데기가 형성되지 않아 생존에 위협을 받게 됩니다. 이외에도 해양 산성화는 생물의 호흡이나 에너지 저장, 에너지 소모와 같은 생리 작용에도 영향을 주는데 생물의 생식과 생장이 저하되고 먹이 사슬에 영향을 미쳐 해양 생태계를 위협하게 됩니다.

이런 문제를 해결하기 위해서는 해양 산성화의 근본적인 원인인 대기 중 이산화 탄소 농도를 낮춰야 합니다. 이산화 탄소는 대표적인 온실가스이기 때문에 기후 변화를 막기 위해서 그리고 해양 산성화를 막기 위해서도 이산화 탄소 배출을 줄여야 하는 것입니다.

극지방 생태계 파괴

북극곰과 남극 펭귄은 왜 기후 변화의
상징이 되었을까?

기후 변화가 진행되면서 지구 곳곳에 서식하는 많은 생명체들이 큰 피해를 받고 있습니다. 이러한 생명체 중에서 유독 더 많이 언급되는 동물들이 있는데, 바로 북극곰, 남극 펭귄 그리고 산호입니다. 기후 변화가 이 세 가지 생명체들에게 어떤 영향을 주고 있는지 알아보도록 하겠습니다.

기후 변화로 인해 북극의 기온은 세계 평균 기온 상승 속도보다 약 2배 더 빠르게 오르고 있어서 빙하가 녹고, 남아 있는 빙하의 두께도 얇아져 북극곰의 서식지가 줄어들고 있습니다. 기온이 올라가면 겨울의 결빙이 늦어지고 봄의 해빙이 일찍 찾아와 얼음이 얼어 있는 기간이 점점 짧아집니다. 그러면 얼음 위에서 사냥할 수 있는 기간이 줄어들게 됩니다. 이런 이유로 먹을 것이 부족해지면서 어미의 사냥에 의지해서 살아야 하는 어린 곰이 다음 사냥철까지 버티지 못하고 죽는 일도 발생하고 있습니다.

빙하가 현재 속도로 줄어들 경우 북극곰의 서식지는 이번 세기 중반에 42퍼센트 감소할 것으로 예측되며, 북극곰의 개체 수는 3분의 2가 줄어들 것이라고 전문가들은 예상하고 있습니다. 북극곰은 사람들에게 친숙한 생명체들 중에서 개체 수 감소 속도가 유독 빠르기 때문에, 기후 변화로 인해 피해를 입는 생물종으로 항상 가장 먼저 언급되고 있습니다.

기후 변화 문제를 이야기할 때, 언급되는 또 다른 생물종은 남극 펭귄입니다. 남극에서 집단으로 서식하는 아델리펭귄은 얼음의 면적이 줄면서 군집의 개체 수가 줄어들거나 일부 군집은 완전히 사라지고 있습니다. 펭귄의 개체 수가 줄어드는 원인은 기온이 올라가면서 펭귄 서식지의 자연환경이

기후 변화로 빙하가 녹으면서 북극곰의 서식지가 사라지고 있습니다.

알을 품거나 새끼 펭귄이 자라기 어려운 조건으로 변했기 때문입니다. 펭귄 같이 바다에 빠지거나 새끼 펭귄이 익사하는 등의 현상이 남극에서 벌어지고 있습니다.

또한 기후 변화로 남극 생태계 자체가 바뀌고 있습니다. 남극 생태계에는 해수면에 서식하고 있는 조류를 크릴새우가 먹고, 이 크릴새우를 펭귄이 다시 먹는 먹이 사슬이 형성되어 있습니다. 그런데 기온이 상승하면서 조류의 양이 줄어들자 크릴새우의 양도 줄어들어 펭귄들의 먹이가 사라지고 있습니다. 결국 지구의 양 극단에 서식하는 북극곰과 남극 펭귄이 기후 변화로 심각한 위기에 처해 있는 것입니다.

바다의 산호도 기후 변화로 인한 생태계 피해를 말할 때 항상 언급됩니다. 산호는 특정 수온에서만 서식할 수 있는데, 살고 있는 지역의 수온이 1℃만 변하도 영양 물질과 공생 조류의 관계에 문제가 생깁니다. 이렇게 되면 산호의 석회암 골격이 드러나는 백화 현상이 생기게 되고, 이런 현상이 심해지면 죽음에 이르게 됩니다. 바닷물의 온도가 매우 높았던 1998년에 백화 현상이 특히 심했는데, 이때 오스트레일리아, 인도양, 플로리다, 카리브해, 홍해 등에서 대규모 산호 무덤이 생겨났습니다.

산호는 해양 생태계의 중요한 서식처 역할을 하며, 골격 형성 및 주변 생태계와의 상호작용을 통해 탄소를 고체 형태로 묶어 두는 저장고 역할도 합니다. 따라서 산호의 규모가 줄어들면 해양 생태계가 파괴되고 기후 변화에 악영향을 주게 됩니다.

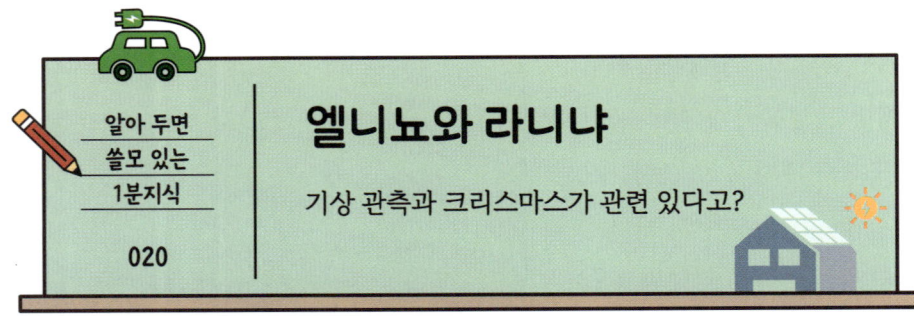

엘니뇨와 라니냐

기상 관측과 크리스마스가 관련 있다고?

지구에서 가장 넓은 대양인 태평양의 양쪽 끝(아시아-아메리카)은 기상학적 관점으로 밀접하게 연결되어 있어서 두 지역의 강수량과 기온이 서로에게 영향을 주고 있습니다. 이런 대표적인 사례가 엘니뇨el Niño와 라니냐la Niña입니다.

평균적으로 3년에서 5년 주기로 남아메리카의 태평양 적도 부근은 평년에 비해 온도가 높아지고 엄청난 양의 비가 내립니다. 아주 오랫동안 이어진 이 현상 때문에 페루의 어부들은 어업 활동에 피해를 입어 왔습니다. 이 현상이 발생하는 시기가 크리스마스 시즌과 겹쳐서 페루의 어부들은 이 현상을 엘니뇨(스페인어로 '아기 예수')라고 불러 왔습니다.

페루의 어부들이 경험을 통해 알았던 이 현상은 이제 '엘니뇨 남방진동El Nino-Southern Oscillation, ENSO'이라는 정식 명칭으로 불립니다. 엘니뇨는 지구 대기 순환이 태평양 전역의 바다 표면 온도에 영향을 미치는 중요한 현상입니다. 정상적인 상태에서는 태평양 중심 적도 부근에서 동쪽에서 서쪽으로 무역풍이 불어 따뜻한 물이 아메리카에서 아시아 방향으로 이동합니다. 따뜻한 물이 서쪽으로 이동하면서 남아메리카 서쪽 해안 깊은 곳에 있던 차가운 물이 바다 표면으로 올라오게 됩니다.

그런데 엘니뇨 현상이 발생하면 무역풍이 약해지면서 따뜻한 표층수가 반대 방향(서쪽에서 동쪽, 아시아에서 아메리카 방향)으로 흐르게 됩니다. 따뜻한 표층수가 남아메리카 연안에 도달하면 해안을 따라 북쪽과 남쪽으로 흐르면서 남아메리카 연안의 바다와 대기의 온도가 높아집니다. 깊은 곳에서 올라오던 차가운 바닷물의 상승도 약해지면서 따뜻한 기온이 수증기를 증발시켜 구름과 폭풍우를 발생시키면서 많은 비가 쏟아집니다. 이러는 동안 태평양 반대쪽인 동남아시아와 오스트레일리아에서는 가뭄이 발생

엘니뇨가 발생하면 지구 한쪽에서는 홍수 피해를, 다른 한쪽에서는 산불 피해를 입게 됩니다.

합니다. 동일한 현상으로 한쪽에서는 홍수 피해를, 다른 한쪽은 가뭄과 산불 피해를 보게 되는 것입니다. 지구가 하나의 커다란 시스템으로 연결되어 있다는 것을 엘니뇨 현상을 통해 확인할 수 있습니다.

엘니뇨의 반대 개념으로, 3년에서 5년 주기로 일어나는 라니냐가 있습니다. 라니냐 기간 동안 더 강해진 무역풍이 따뜻한 물을 더 많이 아시아 방향으로 보내게 됩니다. 그렇게 되면 남아메리카 서부 해안의 심층부에서 차가운 물이 더 많이 상승하면서 동태평양의 표면 온도가 평균보다 낮아지게 됩니다. 이런 상황에서 동태평양 대기는 건조해지고 반대로 서태평양에서는 폭풍과 폭우가 많아집니다.

최근 대기 과학자들은 엘니뇨 라니냐 현상에 대한 연구를 많이 수행해서, 엘니뇨와 라니냐 발생을 9개월 전에 예측할 수 있는 수준에 이르렀습니다. 그리고 지구 온난화가 심해지는 것이 엘니뇨와 라니냐 현상을 강하게 만들 가능성이 높다고 예측하고 있습니다. 엘니뇨든 라니냐든, 현상이 발생하면 태풍과 홍수, 가뭄이 태평양 동쪽과 서쪽에서 발생하게 되므로 우리로서는 좋지 않습니다.

올해 12월, 크리스마스 시즌이 되면 혹시 엘니뇨와 라니냐 관련 뉴스가 있는지 눈여겨보기 바랍니다.

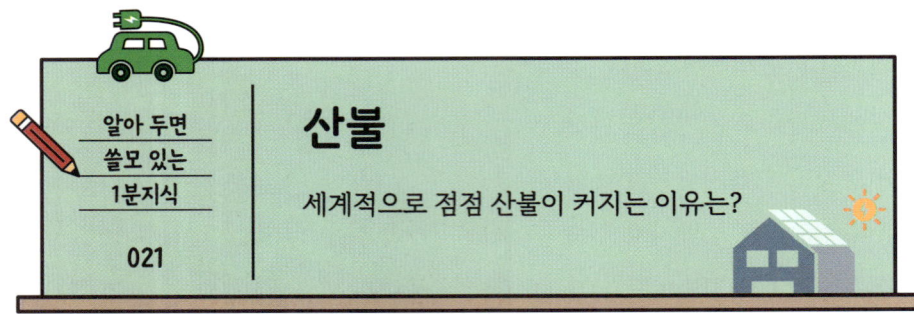

최근 몇 년 사이 우리나라에서 대형 산불이 자주 발생하고 있습니다. 2025년 3월에 영남권을 덮친 대형 산불은 우리나라 산불 역사상 최악의 참사로 기록되었습니다. 여의도 면적 약 160배에 해당하는 10만 헥타르(1,000제곱킬로미터)가 불에 타면서 31명이 목숨을 잃었고, 4,000여 채의 주택이 불탔으며, 피해 규모는 1조 1,000억 원을 넘겼습니다.

이러한 대형 산불의 발생 증가는 전 세계적인 현상이기도 합니다. 2013년부터 2024년까지 전 세계적으로 9건의 기록적인 대형 산불이 발생했습니다. 2013년 오스트레일리아에서 발생한 산불로 11만 헥타르가 불에 탔는데 이는 서울의 약 2배 면적에 해당합니다. 2019년 러시아에서 산불이 발생해서 약 388만 헥타르가 불에 탔는데, 이는 우리나라 수도권 전체와 강원도, 충청북도를 합한 면적과 비슷합니다. 2023년 6월에 캐나다에서 발생한 산불은 상상을 초월하는 수준인데, 이 산불로 약 880만 헥타르가 불에 탔습니다. 이는 우리나라 남한 면적보다 약간 좁은 수준입니다. 단 한 번의 산불로 우리나라 전체 면적 만큼이 불에 탔다니 정말 엄청난 규모의 산불이었음을 알 수 있습니다.

그렇다면 이렇게 우리나라를 포함해서 전 지구적으로 산불 발생과 피해가 늘어나는 원인은 무엇일까요? 국가와 지역별로 원인이 조금씩 다를 수 있지만, 많은 전문가들은 지구 전체적으로 대형 산불 발생이 늘어나는 가장 근본적인 이유는 기후 변

기후 변화 때문에 발생한 산불이 다시 기후 변화를 심화하는 악순환이 이어집니다.

화 때문이라고 입을 모아 지적합니다. 지구의 평균 기온이 전체적으로 높아지고 있고, 이러한 기후 변화로 고온 건조한 지역이 과거에 비해 늘어나면서 산불에 취약한 지역이 많아지고 있는 것입니다.

대형 산불이 발생하면, 수년 또는 수십 년 동안 산에 쌓여 있던 나무와 낙엽이 불에 타면서 대기 중으로 엄청난 양의 이산화 탄소가 배출된다는 것이 문제입니다. 이산화 탄소는 대표적인 온실가스이기 때문에 대기 중에 이산화 탄소가 많아지면 지구 온난화는 더 심해지게 됩니다. 온난화가 심해지면 대형 산불은 더 많이 발생하는 악순환이 반복되는 상황이라고 할 수 있습니다.

따라서 대형 산불을 줄이기 위해서는 장기적인 관점에서 기후 변화를 막기 위해 노력해야 합니다. 또한 단기적으로는 사람들의 부주의로 산불이 시작되는 것을 최대한 막아야 합니다. 산불은 한번 발생하면 진화하기 어렵고 그 피해가 수십 년, 수백 년을 가기 때문에 예방이 최선의 방법이라고 할 수 있습니다.

산림청에서는 산불을 예방하기 위해 다음과 같은 네 가지 지침을 홍보하고 있으니, 산이나 숲에 갈 때는 이 지침들을 기억하기 바랍니다.

산림청 산불 예방 지침

1. 산과 가까운 곳에서 쓰레기, 영농 부산물 등을 소각하지 않습니다.
2. 입산 통제 구역, 등산로 폐쇄 구간으로 지정된 장소에 출입하지 않습니다.
3. 산행 시 화기물을 소지하거나 흡연을 하지 않습니다.
4. 허용된 구역 내에서만 취사나 야영을 하며, 화기 사용 후에는 불이 꺼졌는지 반드시 확인합니다.

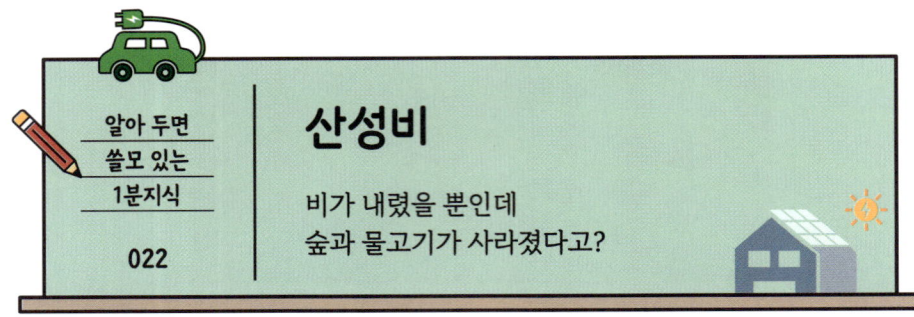

산성비

비가 내렸을 뿐인데
숲과 물고기가 사라졌다고?

산성비는 공기 중의 황산화물(SOx)과 질소 산화물(NOx)이 수증기와 반응해 생성되는 산성 물질이 비나 눈, 안개 등으로 지표면에 떨어지는 현상을 말합니다. 황산화물과 질소 산화물은 화력 발전소나 화석 연료를 주 에너지원으로 사용하는 공장, 내연 기관 자동차 등에서 배출됩니다.

과학적 기준으로, 산성비는 pH가 5.6 이하인 비를 말합니다. pH가 7인 중성의 비와 비교했을 때, 산성비는 수소 이온 농도가 높아서 금속, 건물, 토양, 수생 생물 등을 손상시킬 수 있습니다. 산성화 정도가 심하면 사람이나 생명체에게 직접적인 피해를 줄 수 있는데, 신체에서 상대적으로 약한 눈, 호흡기, 피부 등이 가장 먼저 피해를 입습니다.

산성비는 산업화 이후 전 세계적으로 발생하고 있으며, 그 피해가 심각한 상황입니다. 대표적인 사고 사례로는 1980년대 미국에서 산성비로 인해 숲이 황폐화된 사건이 있습니다. 당시 미국 북동부 지역인 뉴욕, 뉴저지, 매사추세츠에서 대기 오염이 심각해지면서 산성비가 내렸고, 이로 인해 나뭇잎이 떨어지면서 말라 죽는 일이 빈번하게 발생했습니다.

1990년대 유럽에서도 산성비로 인해 호수 생태계가 파괴되는 일이 발생했습니다. 특히 스칸디나비아, 독일, 영국 등에서 산성비가 많이 내렸는데, 이 지역들은 급속한 산업화가 진행되어 공장이 많이 들어서 있는 지역이라는 공통점이 있습니다. 산성

산성비 가 내리면 숲이 황폐화됩니다.

비가 내리자 호수의 물고기가 사라지고, 식물이 죽는 일이 빈번하게 일어났습니다.

산성비를 예방하기 위해서는 화석 연료 사용으로 발생하는 공기 오염을 줄여야 합니다. 이를 위해서는 화력 발전소, 공장, 자동차 등에서 배출되는 황산화물과 질소 산화물의 배출을 줄여야 합니다. 따라서 관련 법과 제도를 만들고 이러한 법과 제도 가 잘 시행될 수 있도록 시민들이 감시하는 것이 중요하다고 할 수 있습니다.

다행히 우리나라의 공기 질은 최근 수십 년 동안 지속적인 개선 노력을 통해 좋아 지고 있습니다. 하지만 공장이 많이 위치하고 있는 산업 단지나 큰 규모의 도로들이 지나가는 도심 지역은 여전히 공기 질이 좋지 않습니다. 산성비를 과거에 일어난 남 의 나라 일로 치부하지 말고 자기가 살고 있는 지역의 공기 질은 어떤 상태인지 조금 더 관심을 가져 보도록 합시다.

산성비가 지표면에 내리면 일어나는 문제들

금속 부식	철근 콘크리트, 기와, 자동차 부품 등이 부식되어 내구성이 떨어집니다.
건물 손상	건물의 석재, 벽돌, 유리 등이 부식되어 손상됩니다.
토양 산성화	토양의 pH가 낮아져서 식물의 생육에 좋지 않습니다.
수질 오염	강, 호수, 하천의 pH가 낮아져서 수생 생태계가 파괴됩니다.

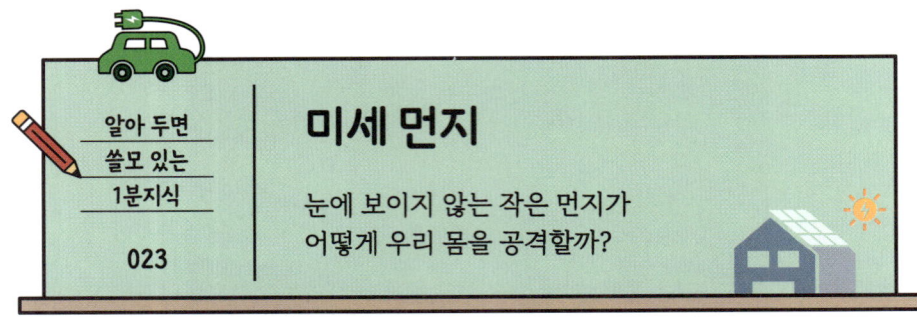

미세 먼지

눈에 보이지 않는 작은 먼지가
어떻게 우리 몸을 공격할까?

우리는 일상에서 미세 먼지에 대해서 자주 듣고 있습니다. 도로에는 미세 먼지 저감 조치 발령 시 운행하면 안 되는 자동차를 단속하는 카메라가 설치되어 있습니다. 또 노약자가 있는 집은 매일 아침 일기예보를 확인하듯이 미세 먼지 농도를 확인하는 경우가 많습니다. 일상에서 이렇게 미세 먼지를 열심히 확인하게 된 이유는 미세 먼지가 사람의 건강에 좋지 않은 영향을 주기 때문입니다.

미세 먼지에 대해 알기 위해서는 먼저 먼지에 대해 알아야 합니다. 먼지는 대기 중에 떠다니거나 날려서 내려오는 입자상 물질을 말합니다. 자연 상태에서도 먼지가 발생하지만 석탄이나 석유 등의 화석 연료를 태울 때나, 공장이나 자동차에서 배기 가스가 발생하는 것 같은 인위적인 원인에 의해서도 먼지가 발생합니다.

먼지는 입자의 크기에 따라서 다시 여러 이름으로 불립니다. 보통 먼지는 50마이크로미터보다 작은 크기의 입자 전체를 말하고, 미세 먼지는 이러한 먼지 중에서 크기가 10마이크로미터보다 작은 먼지를 뜻합니다. 그리고 입자의 크기가 2.5마이크로미터보다 작은 먼지를 초미세 먼지라고 부릅니다.

사람이 숨을 쉴 때, 공기 중의 먼지가 사람 몸속으로 들어올 수 있습니다. 하지만 입자가 10마이크로미터보다 큰 먼지는 몸으로 들어오더라도 코털이나 입안의 점액 질 등에서 걸러지게 됩니다. 이 정도 크기의 먼지는 사람의 몸속으로 깊이 들어오지 못하는 것입니다. 하지만 10마이크로미터보다 작은 미세 먼지나 초미세 먼지는 입

미세 먼지 농도가 높아지면 미세 먼지 저감 조치가 발령됩니다.

자가 매우 작기 때문에 코털이나 점액질로 걸러지지 않고, 폐 깊숙이, 사람의 몸 다른 기관에까지 들어오게 됩니다. 이렇게 들어온 미세 먼지는 사람에게 질병을 일으키기도 하기 때문에 세계 보건 기구World Health Organization, WHO는 미세 먼지를 1군 발암 물질로 지정했습니다.

미세 먼지가 발생하는 주된 원인은 사람들의 활동 때문입니다. 화석 연료를 사용하는 공장이나 화석 연료를 사용한 내연 기관 자동차 등에서 미세 먼지가 배출되는데, 이처럼 발생원에서 바로 미세 먼지가 나오는 것을 '1차적 발생'이라고 합니다.

가스 상태로 배출된 물질이 공기 중의 다른 물질과 화학 반응을 일으켜 미세 먼지가 되기도 하는데, 이런 형태를 '2차적 발생'이라고 합니다. 화석 연료가 연소되는 과정에서 배출되는 황산화물(가스상 물질)이 대기 중의 수증기나 암모니아와 결합한 경우, 자동차 배기가스에서 배출된 질소 산화물(가스상 물질)이 대기 중 수증기, 오존, 암모니아 등과 결합해서 미세 먼지가 발생하는 경우가 2차적 발생의 예라고 할 수 있습니다.

대도시에서 발생하는 미세 먼지는 1차적 발생보다 2차적 발생의 비율이 높은 경우가 많고, 많은 사람들이 밀집해서 생활하고 있어 대도시에서 미세 먼지 문제가 더 심각한 상황입니다. 그래서 우리나라에서는 미세 먼지가 많을 것으로 예보되면 미세 먼지 저감 조치가 발령되고, 이때는 노후 자동차 운행 제한과 노약자의 야외 활동 자제 등을 통해 위험을 줄이기 위해 노력하는 것입니다.

북극발 한파가 한반도를 덮치는 이유는?
_북극 증폭

기후 변화로 북극의 얼음이 녹아내리면서 살기 힘들어진 북극곰이 멸종 위기에 처해 있다는 것은 이제 상식이 되었습니다. 그렇다면 왜 북극 지역 기온이 다른 지역에 비해 더 빠르게 오르는 것일까요?

상식적으로 생각해 보면, 지구에서 태양 복사 에너지가 가장 많이 들어오는 지역인 적도 부근의 기온이 더 빨리 오를 것이라고 생각할 수 있습니다. 하지만 실제로는 북극 기온이 다른 어느 지역보다 더 빠르게 오르고 있습니다(1979년 이후 현재까지 북극 평균 기온 상승은 지구 전체 평균 기온 상승의 약 2~3배). 이렇게 북극 지역의 온도가 엄청난 속도로 올라가는 현상을 '북극 증폭Arctic amplification'이라고 부르는데, 북극의 이러한 기온 상승은 과거에서 그 유례를 찾을 수 없을 정도로 특이한 현상입니다.

북극 증폭이 일어나는 이유는 눈과 얼음으로 이루어져 있는 북극의 고유한 특성 때문입니다. 북극에서는 '얼음-알베도 되먹임 효과ice-albedo feedback'가 작동하는데, 알베도는 표면이나 물체에 태양 빛이 비추었을 때, 이 빛을 반사하는 정도를 말합니다. 물은 액체 상태일 때보다 눈이나 얼음과 같은 고체 상태일 때 알베도가 커지는데, 이는 지표면이 물로 되어 있을 때보다 눈이나 얼음으로 되어 있을 때 태양 빛을 더 잘 반사한다는 의미입니다.

북극 증폭이 일어나면 우리나라에도 극심한 한파가 찾아옵니다.

　원래 북극은 대부분이 눈과 얼음으로 뒤덮여 있기 때문에 알베도가 매우 높게 유지되어야 합니다. 그런데 지구 온난화로 북극 기온이 점점 올라가면서 눈과 얼음이 녹고 물이 차지하는 면적이 커지고 있습니다. 물은 눈과 얼음에 비해 알베도가 낮기 때문에 태양 빛을 반사하는 정도가 줄어들게 됩니다. 이는 과거에 비해 현재 북극에 더 많은 태양 에너지가 흡수되고 있다는 것과 같은 말입니다. 그러면 기온이 올라가면서 더 많은 눈과 얼음이 녹을 것이고 이로 인해 알베도는 다시 낮아질 테니, 북극은 점점 상황이 악화될 수밖에 없습니다.

　북극 증폭 현상이 우리나라를 포함한 지구의 중위도 지방에 한파와 폭설 등 여러 가지 이상 기상 현상을 일으킬 수 있습니다. 예를 들어 북극이 더워지면서 상승 기류가 발생하면 이로 인해 대기 상층부에서 북극을 감싸며 돌고 있는 제트 기류가 남쪽으로 밀려날 수 있습니다. 고위도에 위치해 있던 제트 기류가 남쪽으로 내려오면 매우 차가운 공기가 우리나라까지 닿을 수 있고, 이럴 경우 우리나라에 강력한 추위가 찾아오게 됩니다. 실제로 2022년 1월에 이 현상이 발생해서 우리는 매서운 추위를 견뎌야 했습니다.

3장

환경과 생태계

- ☑ 인류세
- ☐ 물 순환
- ☐ 대기권
- ☐ 기후
- ☐ 생태계
- ☐ 먹이 그물
- ☐ 생물 다양성
- ☐ 삼림
- ☐ 초원, 사막, 툰드라
- ☐ 핵심종과 깃대종
- ☐ 공생

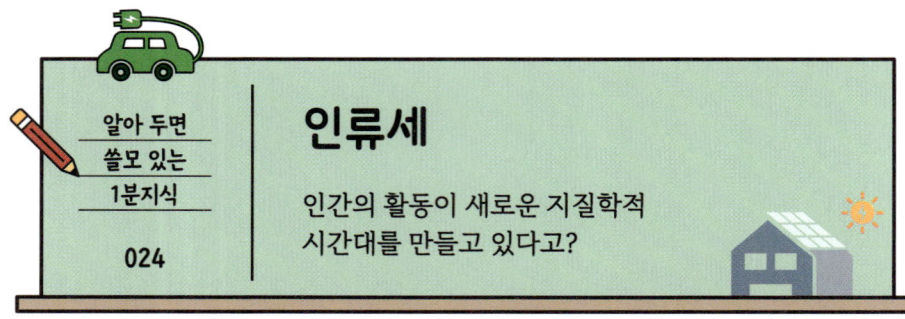

인류세

인간의 활동이 새로운 지질학적
시간대를 만들고 있다고?

약 45억 년 전 지구가 탄생한 이후 현재까지, 지질학적인 시간대를 구분하고 있습니다. 가장 큰 시간대는 '대代'로 '선캄브리아대, 고생대, 중생대, 신생대'로 구분하고, 각 대는 다시 기紀, 세世, 절節로 세분됩니다. 공룡이 대거 등장하는 「쥐라기 공원Jurassic Park」(「쥬라기 공원」으로 개봉)이라는 영화 제목에 포함된 '쥐라기'는 '중생대-쥐라기'를 나타내는 말입니다. 이러한 지질학적 시간대 구분은 지구 규모의 거대한 변화가 생겼을 때를 기준으로 합니다. 그리고 이러한 변화는 주로 화석이나 지층 조사를 통해 알아내며, 절대 연대는 방사성 동위 원소 측정을 통해 알아냅니다. 참고로 동위 원소란 원자 내 양성자 수가 같아서 화학적 성질은 같지만 질량이 다른 원소입니다. 동위 원소 가운데 방사성이 있는 원소는 연대 측정에 사용할 수 있습니다. 수십억 년 단위의 연대 측정에는 우라늄, 토륨, 납, 스트론튬, 포타슘 등의 방사성 동위 원소를 사용하고, 5만 년 이하의 짧은 연대 측정에는 탄소(^{14}C)를 사용합니다.

그렇다면 지질학적 시간대로 봤을 때 현재는 어떤 시기일까요? '신생대-제4기-홀로세'입니다. 홀로세는 약 1만 8,000년 전부터 시작되었고, 인류가 지구에서 왕성하게 활동하기 시작한 시기이기도 합니다. 그런데 최근 들어 현재를 '인류세'로 불러야 한다고 주장하는 학자와 사람들이 많아지기 시작했습니다.

인류세는 네덜란드 화학자 파울 크뤼천Paul Crutzen이 그의 동료와 함께 2000년에 처음 제안한 용어입니다. 크뤼천은 1만 8,000년부터 지속되어 온 홀로세가 이제 끝

먼 훗날 지층에서 인류세의 분류 기준은 플라스틱, 콘크리트 같은 기술 화석이 될 것입니다.

났고, 인류세가 시작되었다고 주장했습니다. 크뤼천과 같은 사람들이 인류세를 주장하는 이유는 산업혁명(약 150년 전) 이후 인간이 지구에 미치는 영향이 과거에 비해 기하급수적으로 증가했고, 실제로 지구 환경이 인간에 의해 변하고 있기 때문입니다.

그래서 인류세의 가장 큰 특징은 인류에 의한 대규모 자연환경 변화와 파괴입니다. 기후 변화는 전 지구적으로 일어나고 있고, 멸종이나 대기, 토양, 해양 오염도 정상 범주를 훨씬 넘어서고 있습니다. 태평양 한가운데 쓰레기로 만들어진 섬이 생겼고, 간척 사업을 통해 바다를 땅으로 만들어 해안선이 바뀌고 있습니다. 또한 개발 과정에서 산과 언덕을 없애고 있으니 인간의 영향력이 엄청나게 커진 것이 지금 우리의 모습입니다. 인류세를 주장하는 사람들은 우리 인류가 지구와 환경에 과도한 영향력을 행사하고 있고, 그로 인해 인류와 지구 전 생물이 함께 피해를 입고 있다는 것을 경계하며 널리 알리고자 이 개념을 주장하고 있는 것입니다.

아직까지는 인류세를 공식적인 지질학적 시대 구분으로 인정하고 있지 않습니다. 하지만 앞으로 인류가 지금과 같이 계속해서 지구에 큰 영향과 피해를 준다면 공식적인 시대 구분으로 포함될 수도 있을 것입니다. 여러분은 인류세가 지질학적 시대 구분에 포함되는 것에 대해 어떻게 생각하나요?

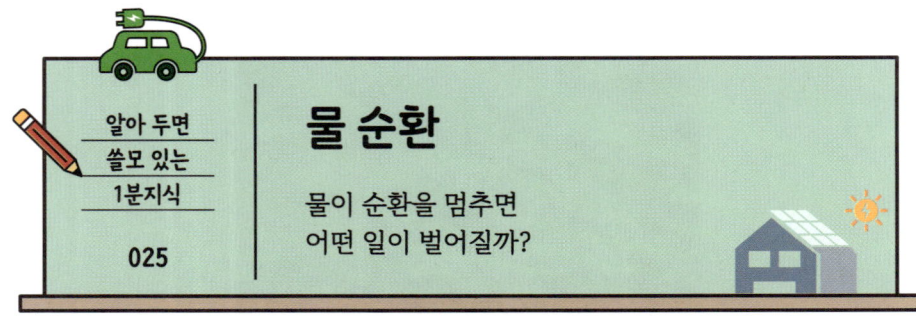

물 순환

물이 순환을 멈추면
어떤 일이 벌어질까?

물 순환은 지구에서 물이 대기, 지표, 지하, 하천과 바다 등 여러 환경 사이를 계속해서 이동하는 자연 현상을 말합니다. 물이 이동(순환)하기 위해서는 여러 가지 형태로 변할 수 있어야 합니다. 액체인 물은 기체 상태인 수증기로 변해서 대기 중에 머물고, 대기 중 수증기는 비 또는 눈으로 변해 지표로 내려오며, 지표면에서는 강, 호수, 지하수, 바다로 흘러갑니다. 극지방에서는 얼음으로 변하기도 합니다.

대기 과학에서는 물 순환을 '증발, 상승 기류, 응결, 강수, 유출' 등의 개념으로 설명합니다. 바다, 강, 호수에 모여 있던 액체 상태의 물이 수증기로 변해 대기 중으로 이동하는 것을 '증발'이라고 합니다. 증발한 수증기가 '상승 기류'를 만나 고도가 높아지면, 온도가 낮아져 수증기가 '응결'하며 구름이 만들어집니다. 응결된 수증기가 점점 많아져 구름에 충분한 수증기가 모이면 무거워져서 '강수'로 지표면으로 돌아오게 됩니다. 우리는 이를 비나 눈이 온다고 말합니다. 지표면에 도달한 물은 강, 호수, 지하수 등을 통해 '유출'되어 다시 바다로 흘러들어 갑니다.

이러한 물 순환은 지구의 자연 생태계와 기후를 유지하는 핵심적인 과정입니다. 그리고 지역마다 기후의 특성을 결정하는 요소이기도 합니다. 물 순환 과정에서 비가 많이 내리는 지역과 그렇지 않은 지역, 물이 많이 모이는 지역과 그렇지 않은 지역이 서로 다른 기후 특성을 보입니다. 문제는 최근 들어 인간의 영향이 과도하게 커지면서 물 순환 과정에 다음과 같은 세 가지 문제가 발생하고 있다는 것입니다.

물 순환 과정

· **물 오염**: 인간의 산업 활동, 농업 활동, 도시화 등으로 인해 화학 물질, 오염 물질이 하천이나 바다, 지하수에 유입되면서 물 오염이 발생합니다. 물 오염 자체도 큰 문제라고 할 수 있지만, 이렇게 오염된 물이 순환하게 되면 문제가 확산되고, 해결이 어려워지는 특성을 갖습니다. 그래서 물 오염이 발생하면 원인을 빠르게 확인하고, 오염이 더 이상 확산되지 않도록 조치하는 것이 매우 중요합니다.

· **물 소비 증가**(물 부족): 급격한 인구 증가와 산업화로 인해 물 소비가 급증하면서 지구의 많은 지역에서 물 부족 문제가 발생하고 있습니다. 사람들의 물 소비가 늘어나면 지하수 감소, 하천수 감소, 대기 습도 감소, 강수량 감소, 사막화 확대 같은 현상이 이어집니다. 그리고 한번 둘 순환 패턴이 변해서 환경이 바뀌면 다시 원래대로 돌아가는 것이 어려워집니다. 물은 생명을 유지하기 위한 필수 요소이기 때문에 어떤 지역에 물이 부족해지면 인간과 자연 생태계 모두에게 큰 위협이 됩니다.

· **기후 변화**: 인위적인 원인으로 기후 변화가 빨라지고 이로 인해 강수량, 온도, 증발율 등이 변하면서 지구 규모의 물 순환도 변하고 있습니다. 이렇게 넓은 지역에서 물 순환이 변하면 기후 자체가 변하게 되어 이 지역 환경에 오랜 시간 살아온 생물들이 적응하지 못하게 됩니다.

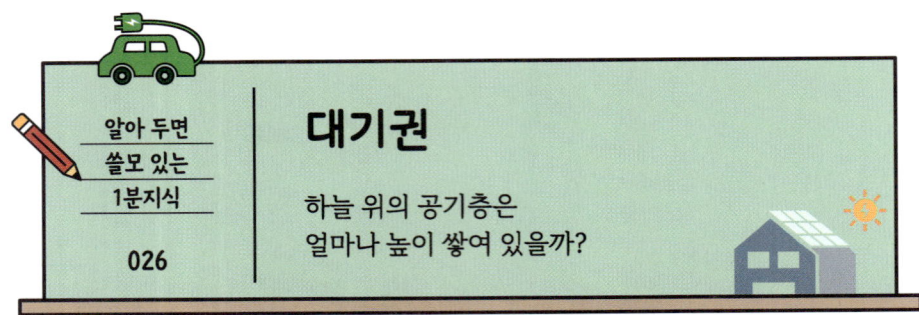

알아 두면
쓸모 있는
1분지식

026

대기권

하늘 위의 공기층은
얼마나 높이 쌓여 있을까?

하늘을 올려다보면 끝없이 펼쳐져 있는 푸른 하늘이 보입니다. 중간 중간 구름이 보이기도 하고 낮에는 눈부신 태양이, 밤에는 달과 별이 보입니다. 우리에게는 하늘은 공기로 채워진 하나의 공간으로 느껴집니다. 하지만 하늘(대기)은 다음과 같이 전혀 다른 성질을 가진 4개 층으로 구분되어 있습니다.

대류권Troposphere은 지표면부터 약 8~15킬로미터까지로 우리가 일상적으로 경험하는 날씨(기상) 현상이 일어나는 곳입니다. 대류권에서는 고도가 높아질수록 온도가 낮아지게 됩니다. 높은 산에 올라봤다면, 산 정상으로 올라갈수록 기온이 낮아지는 경험을 해 봤을 것입니다. 인류의 일상적인 활동 대부분이 벌어지는 곳이며, 날 수 있는 생명체들이 생존하기 위해 활용하는 공간이기도 합니다. 비행기는 주로 대류권에서 운행되며, 인간에 의해 대기 오염이 발생하고 기상 이상 현상으로 인간과 지구 생명체가 피해를 입는 곳이기도 합니다. 대류권의 상부 경계는 '대류권 계면'이라 부르며, 이 경계에서 온도가 안정되는 현상을 보입니다.

성층권Stratosphere은 대류권 위에 위치하며 고도 약 15~50킬로미터 구간을 말합니다. 이 구간에 오존 농도가 높은 층이 있는데, 이를 오존층이라고 부릅니다. 오존층은 태양 광선 중에서 파장이 짧은 자외선을 흡수함으로써 지구 표면에 도달하는 자외선량을 줄이고 있습니다. 자외선은 인간에게 피부암, 백내장 같은 건강 문제를 발생시킬 뿐만 아니라 지표의 다른 생명체들에게도 해로운 영향을 줍니다. 따라서

대기권은 전혀 다른 성질을 지닌 4개의 층으로 나뉩니다.

이를 막아 주는 오존층은 지구 생명체 입장에서 고마운 존재라고 할 수 있습니다.

성층권에 오존층이 있고 오존층에서 자외선을 흡수하다 보니, 성층권은 대류권과는 다르게 고도가 높아질수록 온도가 높아지는 특성을 보입니다. 성층권에서 인간활동은 거의 없는 편인데, 일부 초음속 항공기나 특수한 기상 연구용 기구들이 성층권까지 도달해 운항 및 연구 활동을 하기도 합니다.

중간권Mesosphere은 성층권 위에 위치하며 고도 약 50~85킬로미터 구간을 말합니다. 대기가 매우 희박하며, 우주에서 지구로 유성이 떨어질 때, 보통은 중간권에서 모두 불타 없어지게 됩니다. 중간권에서는 고도가 증가함에 따라 온도가 다시 감소합니다.

열권Thermosphere은 중간권 위 85킬로미터 이상의 구간부터 대기권 외투 경계(우주)까지를 말합니다. 대기가 극도로 희박하며, 태양으로부터 받는 강한 복사 에너지 때문에 온도가 높습니다. 열권은 국제 우주 정거장international space station, ISS과 같은 인공위성이 운영되는 영역이기도 합니다. 따라서 우주 탐사, 통신, 위성 TV 등 다양한 우주 기반 기술과 관련이 있는 층입니다.

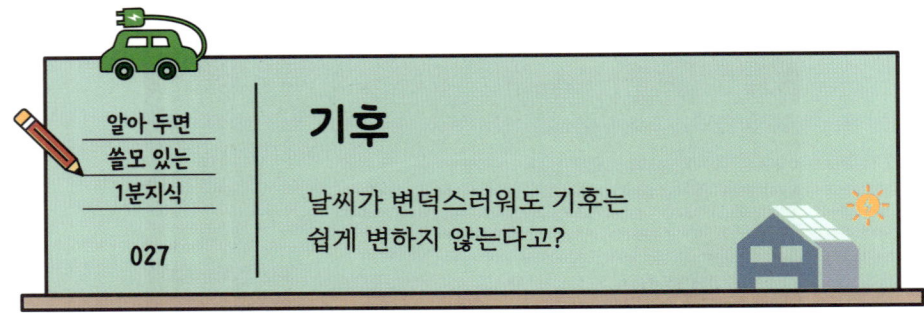

기후

날씨가 변덕스러워도 기후는 쉽게 변하지 않는다고?

기후는 '일정한 지역에서 여러 해에 걸쳐 나타난 기온, 비, 눈, 바람 따위의 평균 상태'로 정의합니다. 기후는 온도, 강수량, 바람, 습도 등 여러 요소를 포함하며, 이러한 요소들이 복합적으로 그 지역의 기후를 형성하게 됩니다. 이런 기후에 대한 정의에서 중요한 것은 '평균'이라는 표현입니다. 기후는 여러 해(최소 30년 이상)에 일정한 지역(최소 광역 지역)에서 벌어지는 모든 날씨(기상) 패턴을 평균해서 결정하기 때문에, 쉽게 변하지 않는다는 특성을 갖습니다.

예를 들어 어떤 지역의 30년간 여름 기온 데이터를 평균 내서 기후값으로 사용하는데, 올해 여름 기온이 평년에 비해 엄청나게 높았다고 가정해 봅시다. 이런 경우 기후값 계산은 올해와 과거 29년의 데이터를 모두 더해서 평균 내기(나누기 30) 때문에 결과값의 변화는 크지 않습니다.

우리가 경험한 올해 여름은 난생 처음 보는 수준의 높은 기온이었더라도 기후값의 실제 변화는 작은 것입니다. 즉 아무리 특이한 기상 현상이 몇 번씩 발생하더라도 기후값은 쉽게 변하지 않는 것이 당연합니다. 기후가 수많은 데이터의 평균으로 정의되기 때문입니다. 기후 변화에 대해서는 앞서 「013. 기후 변화」에서 자세히 다루었으니 참고하시기를 바랍니다.

지구의 기후는 온도와 강수량을 기준으로 한 블라디미르 쾨펜Wladimir Köppen의 분류 체계에 따르면 다음과 같이 다섯 가지로 구분됩니다.

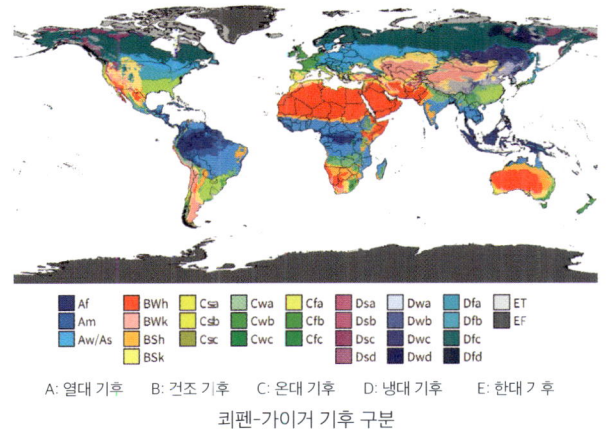

A: 열대 기후   B: 건조 기후   C: 온대 기후   D: 냉대 기후   E: 한대 기후

쾨펜-가이거 기후 구분

· **열대 기후**: 항상 높은 기온(평균 월간 최저 기온이 18°C 이상)이 유지되며, 많은 강수량이 특징입니다. 아마존 열대 우림 지역이 이에 해당합니다.

· **건조 기후**: 강수량이 증발량보다 적어 매우 건조합니다. 사막이나 반건조 지역이 대표적입니다. 사하라 사막이 이에 속합니다.

· **온대 기후**: 열대 기후와 냉대 기후 사이에 위치하며 사계절이 뚜렷합니다. 온도와 강수량의 변화가 적당하며, 우리나라를 포함한 유럽 대부분이 이에 해당합니다.

· **냉대 기후**: 겨울이 길고, 대부분 추운 날씨가 이어집니다. 주로 북반구의 높은 위도에 위치하며 시베리아가 이에 해당합니다.

· **극지 기후**: 1년 내내 매우 추운 날씨가 지속되며, 대부분 지역이 항상 얼어 있습니다. 남극과 북극의 일부 지역에서 발견됩니다.

이러한 기후 구분은 각 지역의 생태계, 농업, 건축, 생활 방식에 큰 영향을 미칠 수밖에 없습니다. 수천 년, 수만 년 동안 우리 인류와 생태계는 자신이 속한 기후에 적응하며 살아왔습니다. 그런데 이런 기후가 지금 변하고 있으니 큰 문제가 되는 것입니다.

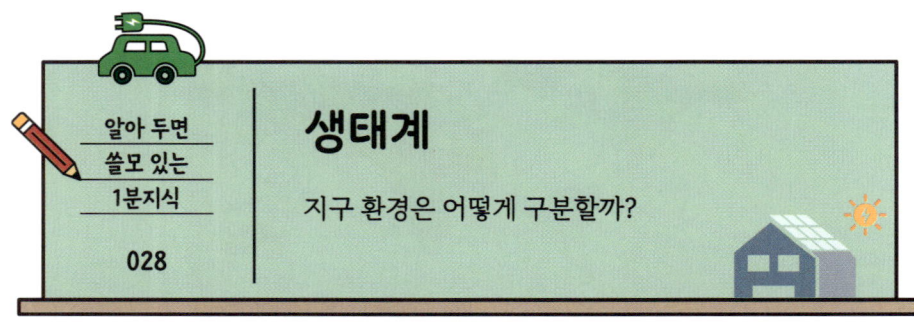

알아 두면
쓸모 있는
1분지식

028

생태계

지구 환경은 어떻게 구분할까?

생태계의 정확한 의미는 무엇일까요? 생태계는 '생태'라는 단어와 '계'라는 단어가 합쳐진 합성어입니다. 생태는 생물과 생물 주변의 비생물 환경이 만들어 내는 현상이나 모양을 뜻하고, 계는 어떤 것들이 모여 구성된 상태를 의미합니다. 영어의 시스템system을 계로 번역하는 경우가 많습니다. 생태와 계의 의미를 합하면 생태계의 구성요소는 생물과 비생물 환경이고 이 구성요소들이 모여 서로 관계를 맺는 곳을 생태계라고 정의할 수 있습니다.

어떤 생물이나 비생물 환경이 있는지, 이런 요소들이 어떤 관계를 맺고 있는지에 따라서 다양한 형태로 나타납니다. 그리고 생태계에는 다양한 생물과 비생물이 있기 때문에, 물질 순환과 에너지 흐름 과정이 매우 복잡합니다. 한번 파괴된 생태계를 복구하는 것이 거의 불가능하다고 말하는 이유도, 생태계 요소들이 파악하기 힘든 수준으로 복잡한 관계를 맺고 있기 때문입니다. 파악하기 힘드니 원래대로 만들고 싶어도 만들기 어려운 것입니다.

우리가 주변에서 쉽게 볼 수 있는 생태계로는 산림 생태계, 하천 생태계, 연안 및 해양 생태계가 있습니다.

산림 생태계는 주로 나무가 우점종(특정 지역 환경에서 가장 많은 개체 수를 이룬 종을 말합니다. 생태계 안에서 종의 구성과 환경은 우점종의 영향을 받기 때문에 생태계를 이해하는 데 중요한 지표로 활용됩니다)으로 숲을 형성하고 있는 생태계입니다. 우리나라는 국토의 70퍼센트 이상이

하천의 모양에 따라 다양한 생태계가 형성됩니다.

산으로 이루어져 있어서 산림 생태계가 많은 나라라고 할 수 있습니다. 산림은 나무 외에도 나무에 의존하고 있는 수많은 생물들이 서식하게 도와주고, 에너지 흐름과 물질 순환 등이 활발하게 일어나는 생태계이기도 합니다.

하천 생태계는 물이 모이고 흘러 생긴 물길을 중심으로 만들어진 생태계를 말합니다. 하천 생태계는 물의 많고 적음, 모양 등에 따라서 서식하는 생물들이 달라지고 물이 흘러감에 따라 물질을 이동시키고, 에너지도 자연스럽게 흐르게 됩니다.

우리나라는 삼면이 바다로 둘러싸여 있어서 다양한 해양 생태계가 형성되어 있습니다. 해양 생태계 중에서 육지와 접해 있는 부분을 연안 생태계라고 하며, 갯벌과 사구, 하구 등으로 이루어져 있습니다. 바닷가에 놀러가서 해수욕을 해봤거나 갯벌에서 조개 캐기 체험을 해봤다면, 그 공간이 연안 생태계라고 생각하면 됩니다.

학술적 관점에서는 '개체, 개체군, 군집, 생태계, 생물 군계'로 구분해서 생태계를 설명합니다. 개체는 특정한 종 하나의 생명체를 의미하며, 개체군은 같은 종인 여러 개체들이 모여 있는 것을 뜻합니다. 군집은 여러 다른 종의 개체군들이 모여 있는 것이며, 생태계는 군집에 비생물 환경 요인을 합친 개념입니다. 생물 군계는 기후의 차이에 따라서 형성된 생물 군집을 의미합니다. 열대림, 사바나savanna, 사막, 온대 초원, 툰드라tundra 등이 생물 군계의 예입니다.

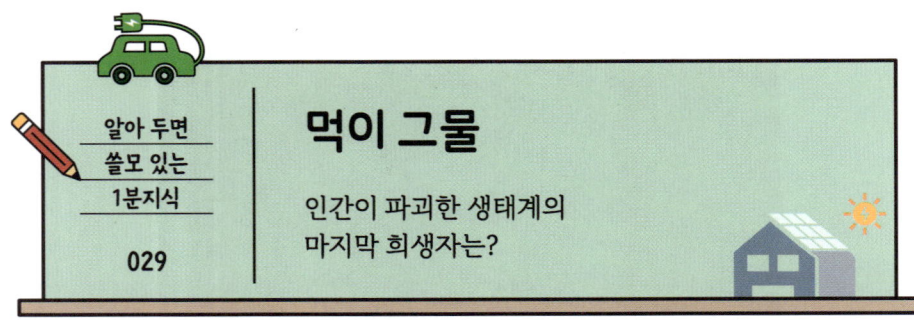

먹이 그물

인간이 파괴한 생태계의
마지막 희생자는?

생태계에서 에너지와 물질의 흐름을 생물 간의 먹이 관계로 표현하는 것을 '먹이 그물'이라고 합니다. 특정 종이 먹고 먹히는 관계를 '먹이 사슬'이라고 하는데, 먹이 그물은 이러한 먹이 사슬이 복잡하게 얽혀 촘촘한 그물같이 보인다고 해서 붙여진 이름입니다. 먹이 그물의 기본 요소는, 각 생물이 생태계에서 물질과 에너지 이동 중 어느 단계에 위치하는지를 보여 주는 '영양 단계'이고, 영양 단계를 단순화해서 표현한 것이 '생산자, 소비자, 분해자'라는 개념입니다. 생태계의 모든 생물은 생산자, 소비자, 분해자 중 하나의 역할을 수행한다는 것입니다.

'생산자'는 먹이 그물의 가장 기본이 되며, 그림으로 표현할 때 가장 밑부분을 차지합니다. 육상 식물이나 수중의 조류로 이루어진 생산자는 다른 모든 생물들이 이용하는 기본 물질을 생산합니다. 이들은 태양 에너지를 이용해서 물과 이산화 탄소로 포도당 안의 화학 에너지를 만드는 광합성 작용을 합니다.

'소비자'는 생산자 다음 영양 단계를 차지하며, 다른 생물이 생산한 유기물을 먹고 사는 생물입니다. 소비자는 세포 내에서 일어나는 세포 호흡을 통해 에너지를 만듭니다. 세포 호흡이란 세포에 산소가 공급되고 포도당이 분해되면서 이산화 탄소와 물, 에너지를 방출하는 과정을 말합니다. 생물체는 이때 방출된 에너지를 살아가는 데 사용합니다. 소비자는 다시 1차 소비자, 2차 소비자로 구분하는데, 1차 소비자는 식물(생산자)을 먹는 소비자로 초식 동물들이 이에 해당합니다. 2차 소비자는 다른

소비자를 먹는 동물로 육식 동물이
이에 해당합니다. 이외에 식물과 동
물을 모두 먹는 잡식 동물도 있는데,
우리 인간이 대표적인 잡식 동물입
니다.

생태계에서는 먹이 그물에 따라 에너지와 물질이 기동합니다.

'분해자'는 엄밀하게 보면 소비자
의 특이한 종류라고 할 수 있습니다.
생산자처럼 스스로 에너지를 만들
어 내지 않고 다른 생물체를 먹고 살
기 때문입니다. 분해자는 죽거나 부패한 식물과 동물을 먹으면서 생태계의 물질 순
환에 중요한 역할을 하기 때문에 별도의 영양 단계로 표기하는 경우가 많습니다.

생산자와 소비자로 올라가는 형태의 먹이 그물 그림은 에너지 관점에서 무조건
피라미드 형태로 그려집니다. 생산자에서 소비자로 단계가 넘어갈수록 호흡이나 배
설 등의 이유로 에너지 손실이 일어나기 때문입니다. 평균적으로는 하나의 영양 단
계를 거치면 10퍼센트의 에너지가 다음 단계로 전달되고 90퍼센트는 흩어진다고 합
니다. 단계를 거칠수록 사용 가능한 에너지의 양이 줄어든다는 에너지 법칙에 대해
서는 「036. 열역학 제2법칙」에서 더 자세하게 다룰 예정입니다.

먹이 그물의 영양 단계에서 에너지는 소비자에서 생산자, 분해자를 거치며, 한
방향으로 흐르는 과정에서 사용 가능한 양이 줄어들게 됩니다. 이런 이유로 육식
동물은 항상 먹이가 되는 동물에 비해 숫자가 적으며 먹이 그물 아래 단계에서 문제
가 발생하면 위 단계로 올라갈수록 더 큰 영향을 받게 됩니다. 인간에 의해 개발이
진행된 생태계에서 최상위 육식 동물이 가장 먼저 멸종되는 이유이기도 합니다.

생물 다양성

생태계에 생물이
다양하게 존재해야 하는 이유는?

생물학자들은 지금 이 순간에도 새로운 생물종들을 찾아내고 정리하는 작업을 하고 있습니다. 생물학자들은 지금까지 지구에서 얼마나 많은 생물들을 찾아냈을까요?

현재까지 보고된 생물종은 약 240만 종입니다. 이 중 식물이 약 39만 종, 척추동물이 7만 7,000종, 곤충이 105만 종입니다. 아직 보고되지 않은 생물종까지 합하면 500만에서 3,000만 종까지 예상한다고 하니 지구에는 우리가 상상하는 것보다 훨씬 더 다양한 생물들이 살아가고 있다는 것을 알 수 있습니다. 우리나라로만 한정하면 현재까지 보고된 생물종이 약 6만 1,000종이며, 아직 우리가 찾지 못한 종까지 합하면 10만여 종이 살아가고 있을 것으로 추측하고 있습니다.

그렇다면 생물이 얼마나 다양한지를 정하는 기준이 무엇일까요? 특정한 생태계에 생물이 얼마나 다양하게 있는지를 나타내는 개념으로 '생물 다양성'을 사용하고 있습니다. 생물 다양성은 종의 수뿐만 아니라 '유전자 다양성, 종 다양성, 생태계 다양성'이라는 세 가지 측면의 다양성을 모두 고려하는 개념입니다.

유전자 다양성은 한 종 또는 한 개체군 안에서 유전자가 얼마나 다양한가를 나타내는 개념입니다. 같은 종 안에 얼마다 다양한 유전적 변이가 존재하는지를 확인하는 것입니다. 유전자 다양성이 중요한 이유는 변화하는 환경에서 생물이 살아남을 수 있는 기회가 유전자 다양성에 따라 달라지기 때문입니다. 유전자 다양성이 높지 않은 종은 급격한 환경 변화나 전염병 등에 취약해서 급격한 쇠퇴를 겪게 될 가능성

모든 생물은 고유의 가치를 존중하고 보호해야 합니다.

이 높습니다. 최근 대부분의 농업에서 생산성이 높고 병충해에 강한 단일 품종이 재배되고 있기 때문에 이와 관련된 우려가 커지고 있습니다.

　종 다양성은 생물종 수가 얼마나 많은지를 나타내는 개념입니다. 종 다양성단으로 생물 다양성을 평가하는 경우가 많은데, 종 다양성은 생물 다양성을 나타내는 세 가지 기준 중 하나입니다. 생태계 다양성은 특정 지역 안에 얼마나 다양한 자연환경이 존재하는지, 육상, 수중, 복합적인 자연환경이 얼마나 많은지를 나타내는 개념입니다. 당연히 생태계 다양성이 높을수록 생물종이 풍부해지게 됩니다.

　생물 다양성을 높게 유지해야 하는 이유는 생물 다양성이 높으면 우리에게 직접적인 이득이 되기 때문입니다. 농업, 의학, 에너지나 목재, 여가나 휴식 등 자연을 활용한다는 측면에서 생물 다양성이 높을수록 더 다양한 방식으로 활용이 가능합니다.

　생물 다양성이 높아야 하는 또 다른 이유는, 모든 생물종은 그 자체로 고유한 가치를 갖기 때문입니다. 어떤 생물종이 인간에게 도움이 되든 그렇지 않든, 생물종 각각은 고유한 내재적 가치를 갖기 때문에 그 자체로 존중받고 보호받아야 합니다.

　생물 다양성을 유지해야 하는 두 가지 이유 중에서 어떤 이유가 더 타당한지 한번 생각해 보기를 바랍니다.

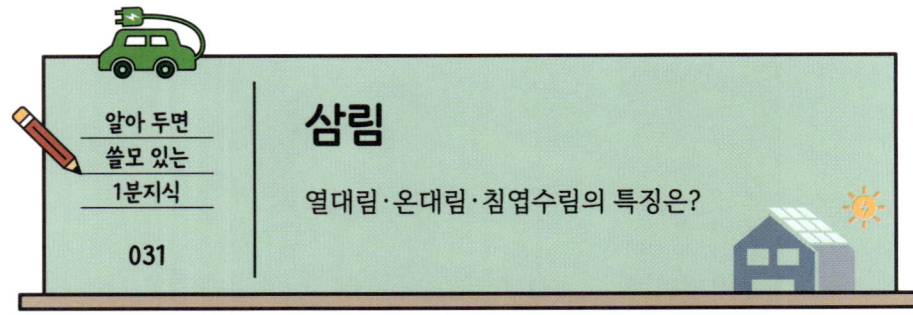

삼림

열대림·온대림·침엽수림의 특징은?

지구 생태계를 구분할 때 가장 큰 범주가 생물 군계입니다. 지구는 생물과 비생물적 환경 요인이 상호 작용하면서 넓은 지역에 걸쳐 유사한 형태의 생태계가 나타나는 데, 이를 생물 군계라고 합니다.

생물 군계는 육상과 수서 생물 군계로 구분하며, 육상 생물 군계의 기본 유형은 삼림, 초원, 사막, 툰드라입니다. 수서 생물 군계는 염분의 유무에 따라 염분이 없는 담수 생물 군계와 염분이 있는 해수 생물 군계로 구분합니다.

육상 생물 군계의 대표적인 유형은 삼림입니다. 삼림은 나무가 우점종인 식생의 군집으로, 나무는 줄기나 가지가 목질로 된 여러해살이 식물입니다. 이런 나무가 많이 우거진 숲을 삼림이라고 부릅니다. 삼림은 지구 육지 표면의 약 30퍼센트를 차지하며, 나무의 종류에 따라 열대림, 온대림, 침엽수림으로 다시 구분합니다.

열대림은 연중 따뜻하고 매일 비가 내리는 적도 부근에서 나타나는데, 월 평균 온도가 18℃ 이상이고, 월 최소 강우량이 60밀리미터 이상이 되어야 유지될 수 있습니다. 대표적인 열대림 지역으로 남아메리카의 아마존, 적도 부근 동남아시아, 서아프리카의 콩고 분지와 기니만 주변이 있습니다. 열대림은 지구 전체 면적 중 6퍼센트 정도를 차지할 뿐이지만 동식물 종의 50퍼센트 이상이 열대림에 살고 있을 정도로 생물 다양성이 높습니다. 우리가 생물 다양성을 지켜야 한다고 말할 때 열대림을 항상 언급하는 이유입니다.

침엽수림인 타이가는 삼림 생물 군계에서 가장 넓은 지역을 차지합니다.

열대림은 생물 다양성은 높지만, 우점종이 없다는 특징을 갖고 있고, 영장류의 90퍼센트가 열대림에 서식하고 있어서 영장류 보전을 위해 열대림의 유지는 특히 더 중요합니다. 또한 매일같이 많은 양의 비가 내리고 식물의 성장이 아주 빠르기 때문에 토양에는 무기물이 부족하고 유기물도 축적되지 않습니다. 이런 특성은 열대림이 훼손되었을 때 다시 복구하기 힘든 조건으로 작동하게 됩니다.

온대림은 중위도 지역에서 강수량이 충분하고 사계절이 뚜렷한 지역에서 나타납니다. 온대림에는 낙엽 활엽수림이나 온대 상록수림이 발달하며 나무 밑으로 풀이나 고사리, 이끼 등이 있어서 다양한 동물들이 함께 서식하고 있습니다. 온대림 토양은 유기물이 풍부해 농업에 적합하고 훼손되더라도 열대림에 비해서 회복 속도가 빠르다는 특징을 갖고 있습니다. 주로 북아메리카 동부 지역, 아시아, 유럽, 남아메리카의 안데스산맥 남부 등에서 온대림이 나타납니다.

타이가taiga 또는 한대림이라고도 부르는 침엽수림은 삼림 생물 군계 중에서 가장 넓은 지역으로, 지구 전체 표면의 11퍼센트를 차지하고 있습니다. 고위도에서 대륙성 기후로 짧은 여름과 긴 겨울이 나타나는 곳에서 침엽수림이 나타납니다. 이 지역에는 소나무, 가문비나무, 전나무 같은 침엽수와 순록, 사슴, 곰 등 대형 포유류가 서식하고 있습니다.

초원, 사막, 툰드라

눈과 얼음으로 뒤덮인 지역에도
생명이 있다?

삼림 이외에 육상 생물 군계의 또 다른 형태로 초원, 사막, 툰드라가 있습니다. 초원은 초본 식물 위주로 이루어진 식물 군락으로, 넓은 평야에 풀들이 자라고 있는 모습을 상상하면 됩니다. 보통 습기가 많으면서 온도가 낮거나, 온도가 높은데 건조하면 나무가 자랄 수 없어서 삼림이 형성되지 않는데, 이런 지역에 초원이 만들어집니다.

초원 지대 중에서 가장 잘 알려진 형태는 열대 지역에 생기는 사바나입니다. 사바나는 건기가 뚜렷한 열대 지역과 아열대 지역에서 발달하는 초원으로, 키가 큰 볏과 식물로 이루어진 초원에 나무가 드물게 서 있는 풍경이 특징입니다. 연 강수량이 적고 건기와 우기가 뚜렷하게 구분되는 환경에서 살아갈 수 있는 동물과 식물이 많지 않기 때문에 생물 다양성이 높지 않습니다.

온대 초원은 대륙의 중위도 중앙 지역에 분포하는데, 해안에서 대륙 내부로 갈수록 강수량이 감소해 초지가 만들어집니다. 토양에 유기물 함량이 높아서 농업에 적합한 특징을 갖습니다. 온대 초원은 대륙에 따라서 이름이 다른데, 중앙아시아는 스텝steppe, 북아메리카 중서부는 프레리Prairie, 남아메리카 남부는 팜파스Pampas, 아프리카 남부는 벨트veld라고 부릅니다.

사막은 연 강수량이 250밀리미터보다 적으며 식생이 없거나 매우 적고, 인간의 활동도 심하게 제약을 받는 지역입니다. 지구 전체 표면의 10분의 1 이상이 사막이며 위도 15도에서 30도 사이의 열대 수렴대 고기압 지대에 주로 분포합니다. 생기

남아메리카 남부 지역에는 온대 초원인 팜파스가 펼쳐져 있습니다.

는 원인에 따라 열대 사막, 해안 사막, 내륙 사막, 한랭지 사막으로 구분합니다.

사막에서 살고 있는 식물과 동물은 덥고 건조한 상태에 대한 내성을 지니는 경우가 많습니다. 일반적으로 1년생 식물은 발아 후 몇 주 안에 씨앗을 맺음으로써 단기간에 생장 과정을 마치고, 다년생 식물은 생장 과정이 매우 느려서 오래 사는 경향이 있습니다. 사막의 선인장을 생각하면 됩니다.

툰드라는 북위 60도 이상의 북극해 연안에 분포하는 넓은 벌판으로 연중 대부분은 눈과 얼음으로 덮여 있습니다. 하지만 이곳에도 생명은 존재합니다. 짧은 여름 동안 지표의 일부가 녹아서 이끼류와 지의류가 자랍니다. 지의류는 균류와 조류의 공생체를 말합니다. 지구의 남반구에는 툰드라 지대가 없고, 스칸디나비아반도 북부에서부터 시베리아 북부, 알래스카 및 캐나다 북부에 걸쳐 침엽수림 지대의 북쪽에 위치하고 있습니다.

툰드라 지역의 연 강수량은 150밀리미터 이하로 적은 편이고, 식물과 동물 모두 종 다양성이 낮습니다. 식물이 활발하게 광합성을 하는 기간이 3개월 정도로 짧아 생장이 느리며, 무척추동물을 비롯해 나그네쥐, 순록, 사향소 등이 서식하고 있습니다.

핵심종과 깃대종

생태계에도 최전방 공격수와
응원단장이 있다고?

축구팀에는 공격수나 감독과 같이 그 팀의 색깔을 결정하고 팀 전체에 큰 영향을 주는 사람이 있습니다. 축구팀에서 가장 핵심적인 역할을 하는 사람이라고 할 수 있는데, 생태계에서도 이런 역할을 하는 종이 있습니다. 생태계에서는 그런 종을 '핵심종'이라고 부릅니다.

핵심종은 단순히 개체 수가 많은 종이 아니고, 생태계나 군집에서 중요한 역할을 하는 종을 말합니다. 보통 생태계에서 핵심종은 서식지를 만들거나 여러 생물종의 상호 작용에 큰 영향을 줍니다. 이러한 핵심종이 사라지면 생태계가 급격하게 변하기 시작해, 결국 종 다양성이 낮아지는 등 기존과는 전혀 다른 생태계로 바뀌게 됩니다. 최전방 공격수나 감독이 바뀌면 전혀 다른 축구팀이 되는 것과 마찬가지입니다.

그렇다면 핵심종에는 어떤 생물이 있을까요? 대표적인 핵심종으로 산호가 있습니다. 산호는 표면의 복잡한 구조로 인해 많은 종류의 생물이 살 수 있는 서식지가 되어 줍니다. '오쿨리나Oculina'라는 산호 군체에는 300종 이상의 무척추동물이 서식하는 것으로 알려져 있을 만큼 산호는 생태계에서 핵심종 역할을 톡톡히 하고 있습니다. 만약 어떤 이유로든 산호가 죽게 되면 그 생태계는 돌이킬 수 없는 수준으로 파괴됩니다. 이것이 어떤 생태계든 핵심종을 파악하고, 그 핵심종을 유독 더 잘 지켜야 하는 이유입니다.

축구팀에는 최전방 공격수나 감독만 있는 것은 아닙니다. 만약 어떤 축구팀에 아

산호는 다양한 바다 생물들이 서식하는 핵심종입니다.

주 유명한 응원단장이 있고, 많은 사람들이 그 축구팀과 함께 그 응원단장을 자연스럽게 떠올린다고 해 봅시다. 그 응원단장이 있건 없건 축구팀의 경기력은 변화가 없고 축구팀 순위에도 영향은 없지만, 응원단장은 그 축구팀에 상징적인 의미로 매우 중요합니다. 생태계에서는 이런 종을 '깃대종'이라고 부릅니다.

깃대종은 특정 지역의 생태, 지리, 문화적 특성을 반영하는 상징적인 야생 동식물입니다. 앞선 응원단장처럼 깃대종이 사라진다고 해서 그 생태계가 파괴되는 것은 아닙니다. 그럼에도 깃대종을 선정하는 이유는 자연환경 보전에 사람들의 공감대를 형성해서 자연 보전 참여를 유도할 수 있기 때문입니다.

우리나라는 2007년부터 국립 공원별로 식물과 동물 각 1종씩 깃대종을 지정하며, 생태 경관 보전 지역이나 지방 자치 단체별로도 깃대종을 선정해서 관리하는 경우가 많습니다. 강원도 홍천의 '열목어', 김천의 '은행나무', 거제도 '고란초', 울산광역시 '각시붕어', 부천시 '복사꽃', 수원시 '수원청개구리' 등이 대표적인 깃대종입니다.

이번 기회에 자기가 살고 있는 지역의 깃대종을 확인해 보고, 왜 그 종이 깃대종으로 선정된 이유, 과정이나 역사를 살펴보는 기회를 가져보기 바랍니다.

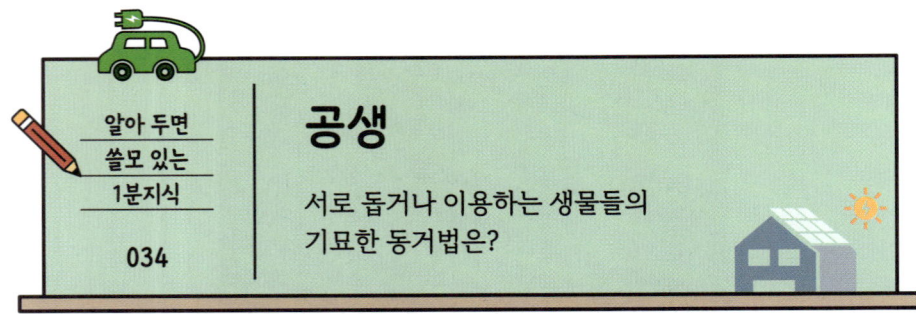

공생

서로 돕거나 이용하는 생물들의
기묘한 동거법은?

일상생활에서 '공생 관계'에 있다는 말을 흔히 사용합니다. 일상 대화에서 '공생'의 의미는 '서로 돕고 살아간다'는 정도지만, 엄밀한 생태학 용어로서의 공생은 단순히 서로 돕는 관계만을 의미하지 않습니다.

생태학에서 공생은 두 가지 이상의 종 사이에 친밀한 상호 관계나 제휴 관계를 의미하는데, 보통은 한 종이 다른 종의 몸속이나 몸 위에(붙어서) 사는 경우가 많습니다. 공생 관계를 맺고 있는 종들을 '공생자'라고 부르며, 공생자들이 서로 이익을 보는 경우를 '상리 공생' 관계라고 합니다. 그리고 한쪽은 이익을 보지만 다른 한쪽은 이익도 피해도 보지 않는 경우를 '편리 공생'이라고 하며, 한쪽은 이익을 얻지만 다른 한쪽은 피해를 보는 경우를 '기생' 관계라고 합니다.

상리 공생 관계의 대표적인 예로 산호초의 산호 동물과 미세 조류가 있습니다. 갈충조라고 부르는 미세 조류는 산호의 세포 안에 살면서 광합성을 하고, 탄소와 질소 화합물뿐만 아니라 산소까지 산호 동물에게 제공합니다. 또한 조류가 있으면 산호 주변에 탄산 칼슘 뼈대가 훨씬 빠르게 만들어지기 때문에 산호 성장에 도움을 줍니다. 반면 산호는 암모니아 같은 물질을 제공해서 조류에게 필요한 질소 화합물을 만들 수 있도록 합니다.

상리 공생의 또 다른 예로 콩과 식물과 뿌리혹박테리아(질소 고정 박테리아)가 있습니다. 질소 고정 박테리아는 콩과 식물의 뿌리 주변에 살면서 식물에게 필요한 질소를

콩과 식물과 뿌리혹박테리아는 상리 공생 관계입니다.

공급해 주며, 콩과 식물은 박테리아에게 당분을 제공합니다. 이외에도 개미와 진딧물, 개미와 무당벌레 등이 상리 공생의 예입니다.

편리 공생의 예로는 열대 지방의 나무와 그 나무에 붙어사는 착생 식물이 있습니다. 착생 식물은 나무껍질에 붙어사는 이끼, 난초, 고사리 같은 작은 식물들도 나무에 붙어살지만, 나무로부터 물이나 영양분을 직접 얻지는 않습니다. 다만 그 위치가 충분한 빛과 물, 무기물을 얻기에 편리하기 때문에 착생 식물은 이익을 얻지만 나무는 별다른 영향을 받지 않는 관계입니다.

기생은 기생체가 숙주에게서 이익을 얻고 숙주는 손해를 보는 관계입니다. 보통 기생체는 숙주로부터 영양분을 얻고 이 때문에 숙주는 피해를 보거나 약해지지만, 죽음에 이르는 경우는 많지 않습니다. 우리는 기생 관계를 조금 껄끄럽게 생각하지만, 기생은 매우 효과적인 생존 방식이어서 인간의 몸에 기생하는 생물만 100종이 넘는다고 합니다. 간혹 기생체가 숙주의 생존에 치명적인 영향을 주기도 합니다. 이처럼 기생체가 숙주 질병의 원인이나 죽음의 원인이 되는 경우를 '병원체'라고 구분해서 부르고 있습니다.

이상의 공생 관계들은 오랫동안 여러 종들이 함께 진화하는 과정에서 우연히 형성된 것으로, 공생 관계로 발전한 방식의 진화를 '공진화'라고 부릅니다.

인간의 즐거움을 위해 동물이 고통받아도 될까?
_동물원과 수족관

우리나라에서 1년 동안 찾는 관광객 순위로 1, 2위를 다투는 곳 중 하나가 경기도 용인에 있는 '○○랜드'입니다. 이곳은 2023년 한 해에만 500만 명이 넘는 사람들이 찾았을 정도로 인기가 많습니다. 특히 최근에는 자이언트 판다 '푸바오' 가족의 인기가 폭발하면서 동물원을 찾는 관람객들이 과거에 비해 훨씬 더 많아졌습니다(개인적으로 푸바오가 중국에서도 건강하고 행복하길 바랍니다).

동물원을 찾는 사람들은 일상과는 다른 특별한 경험을 하고, 주변에서 쉽게 볼 수 없는 동물들을 신기한 시선으로 한참을 바라보게 됩니다. 만약 특별히 좋아하는 동물이 있다면 오랫동안 그 동물을 관찰하며 행복해 합니다. 동물원 관람을 마치고 집으로 돌아와서는 특별했던 추억을 사진과 영상으로 남깁니다.

이런 과정은 무엇 하나 문제가 없어 보입니다. 동물원에 갔던 사람은 너무 행복했고, 특별한 경험을 했습니다. 적어도 '우리 사람들'에게는 그렇습니다.

그렇다면 동물원에서 우리에게 '보여졌던' 동물의 시선으로 이 경험을 다시 구성해 보면 어떻게 될까요? 태어나 보니 좁은 우리 안이고, 매일 나를 바라보는 사람들에게 두려운 마음이 듭니다. 사육사가 정해 놓은 공간에서 살며 주는 대로 먹고, 사람들이 원하는 행동을 해야 합니다. 마음에 들지 않거나 화도 나지만, 자신의 생각을 전할 방법은 없습니다. 우리에 돌아와서 자신을 바라봤던 수많은 사람들이 생각나지만, 그들이 왜 좋아했는지 알지 못합니다. 내일도, 또 그 다음 날도 이런 날이 반복될 것입니다.

좁은 동물원에서 많은 동물들이 구경거리로 살아가고 있습니다.

　동물원의 동물들은 인간에게 즐거움을 주기 위해 평생 좁은 공간에서 살아갑니다. 해당 동물의 습성을 확인해서 가능한 쾌적한 환경을 만들어 주기 위해 노력도 하지만, 많은 동물들이 동물원에서의 삶을 답답해 합니다. 자연 상태에서 보이지 않는 이상 행동을 하거나 수명이 극단적으로 짧아지는 경우도 많습니다. 이런 일은 수족관에서도 똑같이 일어나고 있습니다.

　이렇게 동물원과 수족관에서 살아가는 동물의 입장을 한번쯤은 생각해 보자는 움직임이 확대되고 있습니다. 2013년 서울대공원에서 고향인 제주 앞바다로 돌아갔던 돌고래 제돌이 사례가 이러한 운동의 결실이라고 할 수 있습니다. 하지만 제돌이가 바다로 돌아간 지 10년이 넘었음에도, 아직까지 많은 동물들이 동물원과 수족관에서 하루하루를 살아가고 있습니다.

　지금 당장 모든 동물들을 자연으로 돌려보내야 한다고 말하는 것은 아닙니다. 적어도 한번쯤은 동물원이나 수족관에서 살아가고 있는 동물의 입장에서 생각해 볼 필요가 있다는 것입니다.

4장

환경과 에너지, 윤리

- ☑ 열역학 제1법칙
- ☐ 열역학 제2법칙
- ☐ 석탄
- ☐ 태양광 발전
- ☐ 풍력 발전, 지열 발전
- ☐ 수소 에너지
- ☐ 환경 윤리
- ☐ 지속 가능 발전
- ☐ 지속 가능한 소비
- ☐ 적정 기술
- ☐ 공정 무역
- ☐ 로컬 푸드
- ☐ 채식주의
- ☐ 공정 여행
- ☐ 공유 경제
- ☐ 지속 가능한 도시

 ×

 ×

 ×

열역학 제1법칙

에너지가 몇 번 형태를 바꿔야
자동차가 움직일까?

에너지에 대해 이해하려면 몇 가지 핵심적인 개념을 알아야 하는데, 그중 가장 중요한 개념이 열역학 법칙입니다. 갑자기 어려워 보이는 과학 법칙이 나와서 당황했다면 최대한 쉽게 설명할 테니 페이지를 건너뛰지 말고 조금만 참아 주길 바랍니다.

열역학 제1법칙은 '에너지 보존 법칙'이라는 별칭을 갖고 있습니다. 이는 전 우주의 에너지 총량은 정해져 있기 때문에 모든 에너지의 합은 늘어나거나 줄어들지 않는다는 법칙입니다. 그래서 법칙 이름에 '보존'이라는 단어가 포함되어 있습니다. 다만 우주 전체의 에너지 총량은 갖더라도 에너지 각각의 형태는 달라질 수 있습니다.

예를 들어 높은 곳에 있는 쇠구슬은 '위치 에너지'를 갖고 있고, 그 구슬이 밑으로 떨어지면 위치 에너지가 '운동 에너지'로 형태가 변화되며, 위에 있을 때의 위치 에너지와 땅에 도달했을 때 운동 에너지의 양은 같습니다. 과학 시간에 레일 위에 있는 구슬의 위치 에너지와 레일 밑에 도착한 운동 에너지를 비교하면서 높이와 속도 등의 정보를 주고 계산하도록 했는데, 바로 이 문제가 열역학 제1법칙을 이해하기 위한 것이었습니다.

열역학 제1법칙에 따르면, 에너지를 사용하는 것은 결국 에너지의 형태를 우리가 사용할 수 있는(또는 사용하기 좋은) 형태로 바꾸는 것입니다. 어차피 에너지 총량은 같으니 새롭게 만들어 낼 수도, 없애 버릴 수도 없는 상황에서 우리가 사용할 수 있는 형태로 에너지를 바꾸는 것이 중요한 것입니다. 휘발유를 이용해서 자동차를 움직인다

형태를 바꾸는 특성 덕분에 에너지를 편리하게 이용할 수 있습니다.

고 했을 때 휘발유 자체로는 자동차를 움직이지 못하며, 자동차를 움직이기 위해서는 휘발유가 다음과 같은 에너지 변환 과정을 거쳐야 합니다.

휘발유(화학 에너지) → 엔진에서 연소(열 에너지) → 피스톤 상하 운동(운동 에너지) →

연결 축을 거쳐 바퀴 회전(운동 에너지)

결국 자동차 바퀴를 굴리는 운동 에너지를 얻기 위해 휘발유라는 화학 에너지부터 시작해서 여러 변환 단계를 거쳐 원하는 형태의 에너지로 만든 후 사용했다는 것을 알 수 있습니다.

에너지가 형태를 바꿀 수 있다는 특징은 우리에게 매우 유용한 장점입니다. 만약 에너지가 형태를 바꾸지 못한다면, 불을 구하기 위해 불을 찾아서 떠나야 하고, 운동 에너지가 필요하면 운동하고 있는 물체를 찾아내야 하는데, 이런 방법으로 에너지를 사용한다는 것은 불가능하기 때문입니다.

열역학 제2법칙

총량이 변하지 않는데 사용할 수 있는
에너지는 왜 줄어들까?

모든 에너지 문제가 발생하는 근본적인 원인은 '열역학 제2법칙' 때문이라고 할 수 있습니다. 도대체 열역학 제2법칙이 무엇이길래 이 법칙이 모든 에너지 문제의 근본 원인이 될까요?

열역학 제2법칙은 '엔트로피entropy의 법칙'이라고도 불립니다. 에너지는 열역학 제1법칙에 따라서 총량은 변하지 않고 형태만 변합니다. 그리고 그 형태가 변화할 때 '무질서도'인 엔트로피가 높아지는 형태로만 변한다는 것이 열역학 제2법칙입니다. 이를 단순하게 설명하면, 에너지는 형태가 변할수록 사용하기 좋은 형태(질서도가 높은 형태)에서 사용하기 나쁜 형태(무질서도가 높은 형태)로 변해간다는 뜻입니다.

바로 앞에서 예로 들었던 휘발유를 넣고 달리는 자동차를 다시 상상해 봅시다. 휘발유의 화학 에너지는 엔진에서 연소되면서 바퀴만 회전시키는 것이 아니라 배기가스의 열 에너지, 바퀴와 도로의 마찰 에너지, 소음으로 인한 소리 에너지와 같은 여러 가지 형태의 에너지로도 동시에 변합니다. 당초 휘발유라는 단일하면서도 매우 질서도가 높은 화학 에너지가 바퀴의 운동 에너지뿐만 아니라 우리가 원하지 않는, 질서도가 낮은 에너지(배기열, 소음, 마찰 등)로도 변하고 있는 것입니다. 이렇게 질서도가 낮게 흩어지는 에너지는 사용하기 어렵습니다.

결국 자동차 운행 전과 후의 에너지 총량은 변하지 않지만, 에너지 형태가 변하면서 우리가 '사용할 수 있는' 에너지는 계속해서 줄어들게 됩니다. 이 때문에 우리가 사용할 수 있는 질서도가 높은 에너지가 부족해지는 문제가 발생하는 것이며, 열역학 제2법칙이 에너지 문제의 근본 원인이라고 말하는 것입니다.

에너지 효율 등급이 높은 제품을 사용하면 에너지를 절약할 수 있습니다.

열역학 제2법칙을 고려했을 때 에너지 문제를 해결하기 위한 방법은 세 가지입니다. 첫 번째 방법은 질서도가 높은 에너지 사용을 최대한 줄이는 것입니다. 에너지가 유한한 자원임을 인식하고 사용량을 줄이면 사용할 수 있는 기간을 늘릴 수 있습니다. 두 번째 방법은 에너지 효율을 높이는 것입니다. 에너지 사용 과정에서 처음 제공한 에너지 대비 당초 목적으로 사용된 에너지의 비율을 계산할 수 있고, 그 효율이 높으면 에너지를 절약하는 것과 같은 효과를 얻게 됩니다. 우리가 어떤 제품을 사용할 때 '에너지 효율 등급'을 확인해야 하는 이유이기도 합니다.

세 번째 방법은 지구에 실시간으로 공급되고 있는 에너지인 '신재생 에너지' 사용을 늘리는 것입니다. 우주 전체로 보면 태양도 언젠가는 에너지를 잃고 태양계도 무질서도가 높아질 것입니다. 하지만 공간을 지구로 한정하고 시간을 인류의 시간대로 맞춘다면 태양은 지구에게 계속해서 무한에 가까운 에너지를 공급해 준다고 볼 수 있습니다.

이런 태양 에너지를 활용한 태양광 발전, 공기의 움직임을 이용한 풍력 발전, 지구핵 에너지를 이용하는 지열 발전, 바다의 움직임을 이용하는 파력 발전 등은 우리가 사용해도 계속 다시 생겨나는 에너지입니다. 그리고 이런 에너지를 신재생 에너지라고 부릅니다. 결국 에너지를 절약하고 효율을 높이면서 가능한 한 빠른 시간 안에 신재생 에너지 사용 비율을 극대화하는 것이 에너지 문제를 근본적으로 해결하는 방법이 되는 것입니다.

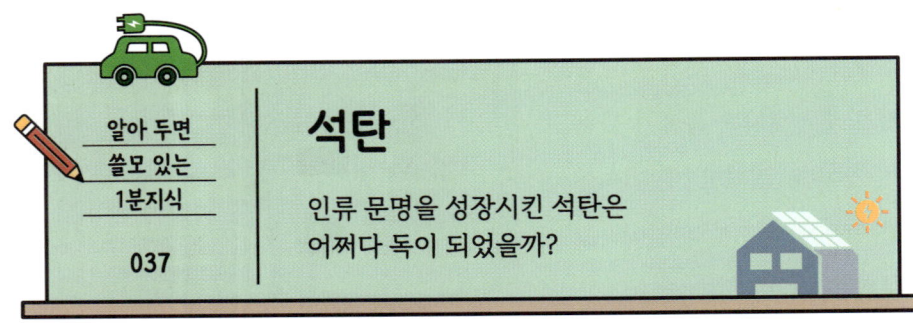

석탄

인류 문명을 성장시킨 석탄은
어쩌다 독이 되었을까?

석탄, 석유, 천연가스와 같은 에너지원을 왜 '화석 연료'라고 부를까요? 그 구성 성분이 과거 광합성을 하던 유기물이 화석화된 유해이기 때문입니다. 그래서 화석 연료는 유기물에 포함되어 있는 수소와 탄소로 구성된 분자 사슬의 형태로 이루어져 있습니다. 이런 화석 연료를 태우면 분자 사슬이 깨지면서 더 작은 분자들로 분리되고 그 과정에서 물과 이산화 탄소가 만들어지며, 독성을 띤 오염 물질과 블랙 카본black carbon 등도 함께 만들어집니다.

기후 변화에 대응하기 위해 노력해야 한다고 할 때, 화석 연료의 연소를 줄이는 것이 무엇보다 중요한 이유는 화석 연료를 연소시키면 온실가스인 이산화 탄소가 대량으로 배출되기 때문입니다. 산업 혁명 이전까지, 수억 년 동안 땅속에 묻혀 있던(고정되어 있던) 이산화 탄소를 공기 중으로 방출하는 연소 행위를 어떻게든 막는 것이 중요한 과제입니다.

여러 화석 연료들 중에서 우리 인류가 가장 오랫동안 사용하고 있는 에너지원은 '석탄'입니다. 아주 오래전(1억~3억 년 전) 식물의 나뭇잎, 가지, 줄기가 담수 습지에 쌓여 유기물이 많이 포함된 저층 퇴적물을 형성했습니다. 이 습지에 점토, 모래와 같은 무기 물질이 덮이고, 수백만 년이 지나면서 습지 퇴적물 위에 또 다시 암석과 토양이 쌓이는 일이 반복됩니다. 결국 이렇게 쌓인 암석과 토양의 압력이 유기물이 포함된 퇴적층을 점점 더 깊은 곳으로 매몰시킵니다. 땅속 깊은 곳에서 압력과 온도가 증가하면, 유기물이 풍부하게 섞인 암석과 토양이 점점 석탄이라고 부르는 퇴적암으로 바뀝니다. 그리고 이렇게 땅속에 형성된 석탄을 우리가 다시 지상으로 꺼내 연료로 사용하는 것이지요.

산업 혁명 이후 석탄 사용량이 급증했습니다.

석탄은 생성된 시대와 열량 및 압력에 따라서 에너지 함량이 다릅니다. 그리고 이 에너지 함량에 따라서 네 등급(갈탄, 준역청탄, 역청탄, 무연탄)으로 구분하고 있습니다. 갈탄은 석탄 중에서 가장 최근에 생긴 것으로, 탄소와 에너지의 함량이 낮고 생성되는 동안 다른 등급의 석탄에 비해 가장 적은 열과 압력을 받았습니다. 준역청탄과 역청탄, 무연탄은 상대적으로 에너지 함량이 높아서 다양한 에너지원으로 사용되고 있습니다.

인간은 선사 시대부터 석탄을 열원으로 사용해 왔습니다. 아메리카 원주민 화석을 분석해 보면, 이들은 옹기 가마를 구울 때 이미 석탄을 이용했다고 합니다. 인류는 산업 혁명을 거치면서 석탄을 본격적으로 사용하게 되는데, 증기선과 철도는 석탄 보일러를 이용해 동력을 얻은 대표적인 사례입니다. 최근 들어 석탄은 배나 철도의 수송용보다는 발전소에서 전기를 생산하는 에너지원으로 더 많이 사용되고 있습니다. 우리나라도 서해안에 대규모의 석탄 화력 발전소를 운영하고 있습니다.

참고로 석탄은 다른 화석 연료들과 마찬가지로 매장량이 편중되어 있는데, 전 세계에서 9개 나라에 세계 석탄 가채 매장량(현재 사용하고 있는 채취 방법을 쓰면서 현재 가격 수준으로 회수 가능한 광업 자원의 매장량)의 90퍼센트 이상이 묻혀 있습니다. 미국은 석탄을 가장 많이 보유하고 있는 나라로, 지구 전체의 가채 매장량 중 28퍼센트가 묻혀 있습니다.

태양광 발전

고갈될 걱정 없이 무한대로 공급되는
에너지가 있다고?

이제는 주변에서 태양광 패널을 쉽게 볼 수 있습니다. 단독 주택의 지붕, 공공건물의 옥상, 아파트의 벽면, 넓은 주차장의 그늘막과 같은 공간에 태양광 패널이 설치되어 있는 경우가 많고, 태양광 발전 사업을 하기 위해 넓은 땅에 대규모 태양광 패널을 설치하는 경우도 늘어나고 있습니다.

태양광 발전은 반도체 소재인 태양 전지를 사용해서 빛 에너지를 전기 에너지로 전환하며, 태양광 발전의 주요 단계는 다음과 같습니다.

태양광 발전 단계

태양광 흡수	태양광이 패널에 닿으면 태양광 에너지가 반도체의 전자를 들뜨게 하면서 전자가 원래 위치에서 떨어져 나오게 됩니다.
전자-정공 쌍 생성	태양광 에너지가 전자를 들뜨게 하면, 전자(음전하)와 정공(양전하) 쌍이 생성됩니다.
P/N 반도체, 전자-정공의 이동	생성된 전자와 정공은 접합되어 있는 P형 반도체와 N형 반도체로 이동합니다. 전자는 N형 반도체 쪽으로, 정공은 P형 반도체 쪽으로 모여서 생긴 전위차 때문에 전자와 정공이 이동하면서 전류가 만들어집니다.
전기 생성	부하가 연결된 외부 회로를 통해서 전자가 이동하면(흐르면) 전기가 만들어집니다.

태양광 발전의 출력은 태양 전지에 들어오는 태양광의 세기에 가장 큰 영향을 받습니다. 따라서 태양광 발전 시설을 만들 때 가장 중요한 것은 태양광을 충분히 받을 수 있는 위치와 조건을 만드는 것입니다.

보통은 태양광 패널이 지면과 이루는 각도를 설치 지역의 위도

야외 주차장에 태양광 패널을 설치해 그늘막으로 활용합니다.

와 같게 해야 에너지를 최대한으로 얻을 수 있습니다. 따라서 북위 37도에 위치한 우리나라는 원칙적으로, 지면과 37도의 각도를 이루도록 패널을 설치해야 발전 효율이 가장 좋습니다. 그래서 우리 주변에 보이는 태양광 패널들이 여러 각도로 설치되어 있지 않고, 별도의 구조물 위에 비스듬하게 거의 같은 각도로(지면과 35~40도 사이) 설치되어 있는 것입니다.

태양광 발전은 기계적인 움직임이 없이 전기를 만들기 때문에 소음이 없고, 내구성이 좋은 특성을 갖습니다. 무엇보다 가장 대표적인 신재생 에너지원으로 환경 친화적입니다. 화석 연료를 사용하지 않기 때문에 탄소 배출이 없고, 지구 입장에서는 무한대로 공급되는 에너지원이어서 고갈될 걱정을 할 필요도 없습니다. 하지만 낮에 태양이 비출 때만 에너지가 생성되기 때문에 안정적인 에너지 공급에 어려움이 있고, 최근에는 지역 곳곳에 대규모 태양광 발전 시설이 만들어지면서 발전 업자와 지역 주민 사이에 갈등을 빚는 경우도 생기고 있습니다.

그럼에도 기후 위기 문제를 해결하기 위해서는 이러한 문제나 갈등을 슬기롭게 극복하고 어떤 방법으로든 태양광 에너지 비율을 늘려가는 것이 우리에게 주어진 과제라고 할 수 있습니다.

풍력 발전, 지열 발전

바람과 땅의 힘으로 만든
에너지의 장점과 단점은?

태양광 발전과 함께 신재생 에너지의 대표 주자로 꼽히는 것이 바람의 힘을 이용하는 풍력 발전과 땅속 열을 이용하는 지열 발전입니다. 우리 인류는 아주 오래전부터 바람을 에너지원으로 사용해 왔습니다. 고대부터 풍차를 사용해서 물을 옮기거나 곡식을 빻았는데, 풍차는 바람의 힘을 기계적 에너지로 변환시키는 장치입니다. 돛을 달고 다른 동력원 없이 물위를 달리는 배도 인류가 바람을 에너지원으로 이용한 대표적인 사례라고 할 수 있습니다.

전기가 발명된 이후 바람을 이용해서 전기를 만들어 내는 풍력 발전기가 개발됩니다. 풍력 발전기는 바람의 운동 에너지를 기계적 운동으로 바꿔서 전기 에너지를 생산하는 장치입니다. 풍력 발전기는 바람을 받아들이는 회전체, 축 회전 제동기, 저속의 회전 날개를 고속으로 증가시키는 증속기, 전기를 만들어 내는 발전기 등으로 구성되어 있습니다.

풍력 발전은 이산화 탄소를 배출하지 않고, 다른 오염 물질도 배출하지 않습니다. 또한 발전 단가가 액화 천연가스나 화석 연료보다 낮아서 경제적 측면에서도 유리합니다. 하지만 풍력 발전은 소음과 전자기 간섭, 주변 경관 파괴 등의 부정적인 면도 갖고 있습니다. 또한 새가 회전 날개와 충돌하거나 풍력 발전기 설치 과정에서 자연환경이 훼손되기도 합니다. 그래서 최근에는 이러한 문제를 해결하기 위해 육지가 아닌 해상에 풍력 발전 단지를 건설하는 추세인데, 우리나라도 육지 면적이 좁고, 삼면이

경관 훼손, 소음 등의 문제를 해결하기 위해 풍력 발전기를 바다에 설치합니다.

바다이기 때문에 해상 풍력 단지를 적극적으로 늘려가고 있습니다.

지열 발전은 지구 지하 온도가 지표 온도에 비해 변화가 적고 일정하게 유지된다는 것에 착안한 발전 방식입니다. 지역에 따라 약간의 차이는 있지만, 지표에서 150미터 정도 깊이의 온도는 10~20°C를 유지하고 있어서 열펌프를 이용하면 건물의 냉난방 시스템에 활용할 수 있습니다.

지열을 이용해서 난방을 하면 가스나 기름 보일러를 사용했을 때보다 약 40~70퍼센트 정도 에너지를 절감할 수 있습니다. 또한 지열 발전은 한 번 설치하면 반영구적으로 사용할 수 있고, 다른 신재생 에너지원과 다르게 지하로부터 꾸준히 안정적으로 에너지를 공급받아서 에너지 생산량을 균일하게 맞출 수 있다는 장점도 갖고 있습니다.

하지만 지열 발전은 다른 발전 방법에 비해 초기 투자비가 많이 들고, 설치를 원한다고 아무 곳에서나 설치할 수 있는 것도 아닙니다. 특히 우리나라는 지열 발전에 제약이 심한 편인데, 그 이유는 지열 발전을 위한 구조물 때문에 지반이 가라앉는 등의 문제가 발생할 수 있기 때문입니다. 그럼에도 최근에 지어지는 공공시설 대부분에는 지열 발전 설비가 포함되고 있습니다. 기회가 된다면 가까운 공공시설에 방문해서 지열 발전 시스템이 적용되어 있는지 여부를 확인해 보는 것도 의미 있을 것입니다.

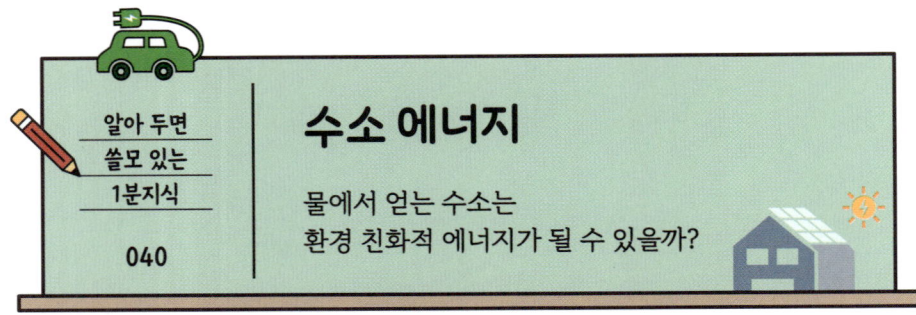

수소 에너지

물에서 얻는 수소는
환경 친화적 에너지가 될 수 있을까?

수소는 우리 주변에 흔히 있는 가장 가벼운 원소입니다. 보통 상태에서는 무색, 무취, 무미의 가스 상태로 존재하며, 에너지원으로 사용하면 최종적으로 물만 배출되기 때문에 친환경 에너지로 주목받고 있습니다. 하지만 수소 에너지가 무조건 친환경적인 에너지원이라고 할 수는 없습니다.

우리가 수소 에너지를 환경 친화적이라고 구분하는 가장 큰 이유는 수소가 에너지원으로 사용될 때(수소 연료 전지에서 수소와 산소를 반응시켜 전기를 생산할 때), 유일한 부산물이 물이기 때문입니다. 즉 에너지원으로 사용되는 과정에서 환경에 나쁜 영향을 주는 물질이 전혀 생기지 않습니다.

하지만 문제는 에너지원으로 사용하는 수소를 생산하는 과정입니다. 자연 상태에서 수소는 워낙 반응성이 좋기 때문에 수소 그 자체로 존재하기 어렵습니다. 그래서 수소를 얻기 위해서는 수소가 포함되어 있는 물질에서 수소를 다시 추출하는 별도의 과정을 거쳐야 하는데, 보통은 이 과정에 많은 에너지가 필요합니다. 예를 들어 물을 전기 분해하면 수소와 산소로 분리되며, 이 과정에서 수소를 얻을 수 있습니다. 하지만 물을 분해하려면 상당히 많은 전기가 필요합니다. 에너지원을 얻기 위해 또 다른 에너지원인 전기를 사용하는 꼴입니다.

현재 수소를 얻는 가장 일반적인 방법은 천연가스를 높은 온도에서 물과 반응시켜 수소를 추출하는 방식입니다. 하지만 이 과정에도 많은 에너지가 필요하고 수소 추출 과정에서 온실가스인 이산화 탄스가 배출되는 문제가 있습니다.

신재생 에너지로 생산한 수소가 진짜 친환경 에너지입니다.

따라서 수소 에너지는 그 자체로 친환경 에너지원이라고 부르기 어렵고, 그 수소가 만들어지는 과정에서 환경에 얼마만큼 영향을 주었는지를 다시 따져 봐야 합니다. 그래서 수소 에너지는 생산 과정에서 환경에 영향을 준 정도에 따라 다음과 같이 세 가지 색(그레이, 블루, 그린)으로 구분합니다.

- 그레이 수소: 그레이 수소는 천연가스에서 수소를 얻는 과정을 통해 만들어지는 수소를 의미합니다. 이 과정에서 온실가스인 이산화 탄소가 대량으로 배출되기 때문에 환경적으로 좋지 않은 수소입니다.
- 블루 수소: 블루 수소는 그레이 수소 추출 과정과 같지만, 문제가 되었던 이산화 탄소 포집 및 저장 기술carbon capture storage, CCS을 활용한다는 점이 그레이 수소와 다릅니다. 하지만 이 방법 역시 이산화 탄소를 완전히 제거한 것은 아니기 때문에 환경에 어느 정도 좋지 않은 영향을 주게 됩니다.
- 그린 수소: 그린 수소는 재생 가능한 에너지원(태양광, 풍력 등)을 사용해서 물을 전기 분해하고 이를 통해 수소를 생산하는 방식입니다. 앞선 두 방식에 비해서 이산화 탄소 배출이 전혀 없고, 재생 가능한 에너지원을 사용하기 때문에 환경적으로 가장 바람직한 방식이라고 할 수 있습니다.

이제는 수소 에너지에 대한 정보를 접할 때 그 수소가 어떤 방식으로 생산되었는지, 어떤 색깔의 수소인지를 확인해 보도록 합시다.

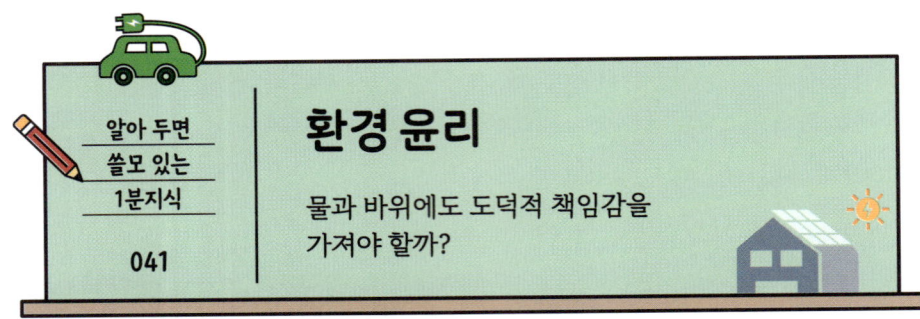

환경 윤리

물과 바위에도 도덕적 책임감을
가져야 할까?

인간과 환경(자연)은 어떤 관계에 있을까요? 환경은 인간을 위해서 존재하는 것일까요? 아니면 인간과 환경은 평등한 관계일까요? 만약 인간이 환경에 대해 책임감을 갖는다면, 어느 수준까지 가져야 할까요?

이와 같이 환경에 대한 인간의 도덕적 책임과 관련된 철학 분야를 '환경 윤리 Environmental Ethics'라고 합니다. 환경 윤리를 따져 봐야 하는 이유는 환경 문제나 환경 문제 해결 방안은 어떤 윤리관을 갖고 있느냐에 따라 매우 다르게 나타나기 때문입니다. 인간이 다른 모든 환경에 비해 우위에 있고, 환경을 이용의 대상으로 보며, 환경에 대해 특별한 도덕적 책임감을 가질 필요가 없다고 생각하는 사람과 환경과 다른 생명의 가치가 인간의 가치 못지않게 중요하다고 생각하는 사람이 환경 문제를 대하는 태도는 매우 다를 것이 분명합니다.

이렇게 인간과 환경의 관계를 어떻게 설정하느냐에 따라서 다양한 환경 윤리관이 있을 수 있는데, 크게 보면 '인간 중심주의, 생물 중심주의, 환경 중심주의'로 구분할 수 있습니다.

인간 중심주의는 말 그대로 환경보다 인간을 먼저 생각하고 인간을 중심에 두는 윤리관입니다. 이 관점에서 인간은 자연의 일부가 아니고 자연을 소유의 대상으로 생각합니다. 그리고 자연은 인간에게 혜택을 주기 위해 존재한다고 생각합니다. 인간 중심주의 관점에서는 어떤 생물이 멸종에 이르더라도, 만약 그 과정이 인간에게 직접적 또는 간접적으로 혜택을 준다면 멸종이 정당화될 수 있습니다. 이러한 인간 중심주의적 관점은 환경 문제 발생의 근본적인 원인이 됩니다.

무분별한 개발은 비윤리적 행위입니다.

생물 중심주의는 모든 살아 있는 생물을 중심에 둔 환경 윤리적 관점으로 인간은 모든 생물에 대해 도덕적 책임이 있다고 봅니다. 이 관점에서는 동물 학대, 불필요한 식생의 파괴, 생물을 멸종에 이르도록 하는 것 등의 행위는 생물이 그 자체로서 고유한 가치를 갖고 있기 때문에 윤리적으로 잘못된 것입니다. 인간과 생물의 도덕적 가치를 같다고 보는 관점으로 이해할 수 있습니다.

환경 중심주의(또는 생태 중심주의)는 생물뿐만 아니라 환경의 비생물 구성 요소들에까지 도덕적 규범을 확대 적용해서 자연계 전체의 완전한 상태가 중요하다는 관점입니다. 인간은 하천이나 토양, 강, 바위, 공기 등 생명을 갖고 있지 않은 환경 요소에 대해서도 도덕적 책임감을 가져야 한다는 관점이기 때문에 인간 중심주의와 정반대의 관점이라고 할 수 있습니다.

우리 인간은 살아가는 과정에서 어떻게든 환경과 관계를 맺을 수밖에 없습니다. 무언가를 먹고, 어딘가에 살고, 물건을 소유하는 등의 모든 과정이 환경과 관련이 있기 때문입니다. 그렇다면 자기 자신은 환경에 대해 어느 정도의 책임감을 갖고 있었는지, 앞으로는 환경과 어떤 관계를 맺고 싶은지를 한번쯤은 생각해 볼 필요가 있습니다.

지속 가능 발전

사람과 지구를 함께
살리는 방법이 있을까?

'발전'이라는 단어를 보면 좋은 느낌이 드나요? 아니면 나쁜 느낌이 드나요? 발전한 다는 것은 좋은 것일까요? 나쁜 것일까요? 아마 많은 분들은 발전에 대해서 좋다고 생각할 가능성이 높습니다. 발전이라는 단어 자체에 긍정의 의미가 포함되어 있다고 느끼는 것이죠.

사실 발전이라는 단어는 가치 중립적인 용어로 볼 수 있습니다. 발전의 사전적 의미는 어떤 것이 낮은 수준에서 높은 수준이 된다는 뜻인데, 보통은 이럴 경우 좋은 경우가 많기 때문에 단어 자체가 긍정의 뉘앙스를 갖게 된 것입니다. 사회의 발전, 학업 수준의 발전, 내 가치의 발전과 같은 경우가 긍정적 의미로 발전을 사용하는 예 입니다.

하지만 발전이 항상 긍정적인 의미를 갖는 것은 아닙니다. 극단적인 예로, 소매 치기가 소매치기 기술을 발전시켜서 도둑질을 하는 것, 해커가 해킹 기술을 발전시 켜서 서버를 마비시키는 것들은 발전의 나쁜 경우라고 할 수 있습니다. 결국 발전이 라는 것은 그 자체로 좋고 나쁨을 따지기보다 '무엇이' 발전되었는지를 다시 확인해 봐야 합니다. 좋은 것을 발전시켰다면(사회, 학업, 가치 등) 그 발전은 지속해야 할 것이 고, 나쁜 것(소매치기 기술, 해킹 기술)이 발전하고 있다면 그 발전은 더 이상 해서는 안 되 는 것입니다.

지금까지 우리 인류는 '무엇이' 발전하고 있는지를 따지지 않고 무조건, 어디서나, 누구나 발전해야 하고, 발전은 항상 옳다고 믿었습니다. 지구의 모든 인류가 더 많이, 더 높이, 더 빠르게 무언가를 소유하려 했고, 국내 총생산gross domestic product, GDP은 상승해야 하며, 인구는 늘어야 하고, 도시

인간과 지구가 상생할 수 있는 기술을 발전시켜야 합니다.

는 더 확장되어야 했습니다. 이런 것들이 발전이라는 이름으로 포장되어 마치 발전을 하지 않으면 큰일이라도 나는 것처럼 살아왔습니다. 오죽하면 우리 사회에서 욕보다 더한 말로 "넌 발전이 없어"라는 말을 사용하고 있을까요?

최근 들어 이렇게 무분별한 발전(또는 개발)이 기후 변화, 사회적 양극화, 전쟁 등과 같은 문제를 일으키는 근본적인 원인이라고 생각하고, 바람직하고 가치 있게 발전해야 한다는 목소리가 커지고 있습니다. 이러한 발전을 '지속 가능 발전'이라고 부릅니다. 지속 가능 발전은 발전의 탈을 쓴 나쁜 발전들을 멈추고, 정말 좋은 발전을 통해 인류와 지구가 함께 상생해 나가야 한다는 뜻을 담고 있습니다.

그렇다면 좋은 발전인지 아닌지를 구분하는 기준이 무엇일까요? 지속 가능 발전이라는 이름을 통해서도 알 수 있는 것처럼 그 기준은 '긴 시간'입니다. 우리가 어떤 발전을 해야 하는지, 아니면 하지 말아야 하는지를 결정해야 한다면, 특정 시점에서만 그 사안을 따지지 말고, 과거와 현재 그리고 미래까지 긴 시간의 관점에서 사안을 살펴볼 필요가 있습니다. 보통은 긴 시간을 대입해 보면 사안의 본질적인 면이 드러납니다. 긴 시간을 대입했을 때도 좋은 일이라면 적극적으로 추진해야 하고, 그렇지 않다면 다시 한번 생각해 봐야 할 것입니다.

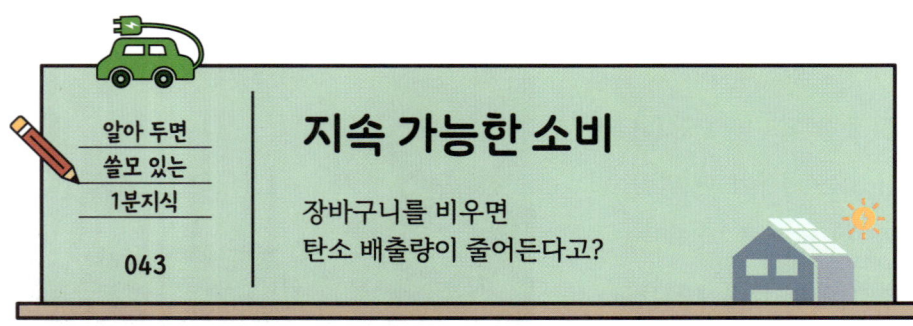

지속 가능한 소비

장바구니를 비우면
탄소 배출량이 줄어든다고?

책에서 잠시 눈을 떼고 학생이라면 자신의 필통을, 성인이라면 문구류가 들어 있는 책상 서랍이나 보관함을 열어 보기 바랍니다. 직접 열어 볼 수 없는 상황이라면 가장 최근에 열어 봤던 필통과 서랍을 상상하면 됩니다. 서랍 안에 들어 있는 문구류 중에서 사용하지 않는데 자리만 차지하고 있는 것이 얼마나 되나요? 사람마다 다르겠지만, 사용하지 않는 문구류가 사용하는 것보다 더 많을 가능성이 꽤 높을 것입니다. 어떤 경우에는 너무 오랫동안 서랍에 넣어 두어서, 사용하려고 해도 제 기능을 하지 못하거나 그 물건을 언제, 왜 샀는지 기억조차 나지 않는 물건이 있을 수도 있습니다.

이런 예는 문구류에만 국한되지 않습니다. 옷장에 있는 옷들을 생각해 볼까요? 최근 몇 년간 한 번도 입지 않은 옷은 얼마나 되나요? 냉장고에 있는 음식과 신발장에 있는 신발들, 창고에 쌓여 있는 여러 가지 물건들 중에서 그 존재 자체를 잊은 것은 얼마나 되나요? 대부분 지금 사용하고 있는 것이 사용하지 않는 물건보다 많지 않을 것입니다. 그렇다고 사용하지 않는 물건이 많기 때문에 우리가 새로운 물건을 사지 않느냐 하면 그렇지도 않습니다. 인터넷으로, 저렴한 물건을 파는 전문 사이트에서, 쇼핑몰에서, 백화점에서 우리는 끊임없이 물건을 사고 있습니다. 그 물건이 꼭 필요하다고 생각하면서 말이죠.

이러한 소비 방식 때문에 대규모 환경 문제가 발생합니다. 필요하지도 않은 물건을 만들기 위해 자원이 고갈되고, 물건을 생산하고 사용하면서 에너지를 씁니다. 또 사용 후 폐기하는 과정에서 오염이 발생하거나 소각하는 과정에서 탄소가 발생해 지구 온난화가 심해지기도 합니다. 어떤 것들은 바다로 흘러들어가서 바다 한가운데 쓰레기섬에 합류하기도 합니다.

옷장 정리도 지속 가능한 소비를 실천하는 한 가지 방법입니다.

이런 문제를 해결하기 위해 물건을 대량으로 생산, 구매하고, 대량으로 폐기하는 삶의 방식에서 벗어나 합리적이고, 바람직하며, 지구에 부담을 덜 주는 방식으로 소비하는 것을 '지속 가능한 소비'라고 합니다. 지속 가능한 소비는 환경 친화적인 소비뿐만 아니라 노동, 인권, 빈곤과 같은 사회적 문제까지 포함하며, 기업 윤리나 기업의 사회적 책임을 강조합니다. 따라서 지속 가능한 소비는 인간, 동물, 환경에 해를 끼치는 비윤리적 상품을 거부하고, 상품의 생산, 유통, 소비와 사용 이후의 처리와 재생 과정까지 사회에 미치는 모든 영향을 고려한 소비 방식입니다.

만약 옷과 관련해서 지속 가능한 소비를 한다면, 옷을 살 때 불필요한 옷을 구매하지 않고, 구매한 옷은 가능한 한 오랫동안 사용하며, 사용한 후에는 환경을 고려해서 재활용하거나 기증할 수 있습니다. 먹거리 영역에서는 식품 안전성에 관심을 갖고 환경과 사회에 해를 주지 않는 식품을 구매하는 것을 말합니다. 친환경 농산물 소비, 동물권이 보장된 방목식 농장에서 생산된 육류 소비, 공정 무역 및 로컬 제품 구매, 슬로푸드 운동 참여 등이 이에 해당한다고 할 수 있습니다.

이번 기회에 문구류, 옷, 신발, 기타 생활 용품을 정리하고 필요 없는 물건은 과감하게 주변에 나눠 주는 활동을 해 보면 어떨까요? 그리고 앞으로 물건을 살 때에는 의도적으로 지속 가능한 소비 관점에서 구매를 해 보기 바랍니다.

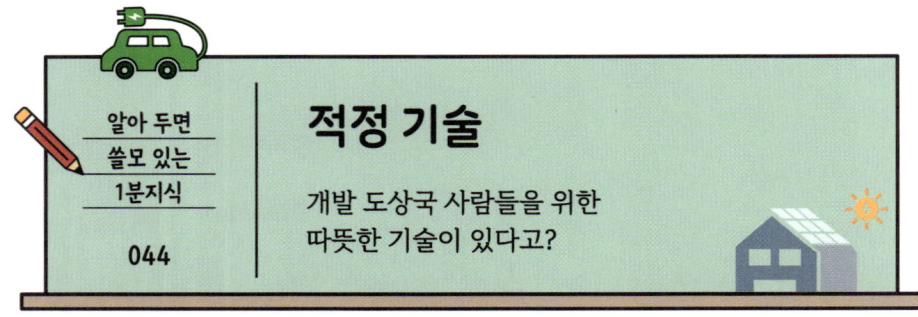

적정 기술

개발 도상국 사람들을 위한
따뜻한 기술이 있다고?

한 국가가 겪고 있는 문제는 충분한 시간과 사람, 돈, 자원이 있고, 관련 기술과 시스템이 갖춰져 있다면 대부분 해결할 수 있습니다. 선진국의 경우에는 과거에 사람들을 힘들게 했던 많은 문제들을 이미 해결했고, 그 결과 시민들의 삶의 질이 높아졌습니다. 하지만 개발 도상국과 같이 문제를 해결하기 위한 기술이나 돈, 자원, 시스템이 충분히 갖춰져 있지 않은 국가들은 아직도 많은 사람들이 고통에 시달리기도 합니다. 개발 도상국의 역량이 선진국 수준으로 높아지면 좋겠지만, 단기간에 그런 일이 벌어지기는 어렵고 그 피해는 주로 노약자들이 먼저 받게 됩니다.

이런 문제를 해결하기 위해 1965년에 영국의 경제학자 에른스트 슈마허Ernst Schumacher가 '적정 기술appropriate technology'이라는 개념을 제시했습니다. 적정 기술은 해당 지역의 정치, 문화, 환경 등 다양한 조건을 고려할 때, 지속적으로 생산과 소비가 가능해야 하며, 궁극적으로 인간의 삶의 질을 향상시킬 수 있는 기술을 뜻합니다. 여기서 중요한 것은 기술이 사용될 그 '지역의 조건'이 고려된다는 것과 이러한 기술이 '지속성'을 갖춰야 하고 결국에는 '인간의 삶'을 좋게 만들어야 한다는 것입니다.

지금부터 60여 년 전에 주장된 이 적정 기술의 정의는 조금씩 변해 왔습니다. 최근에는 '현지 상황에 적절하게 에너지와 자원을 낭비하지 않으며, 사람을 먼저 생각하고 삶의 질을 궁극적으로 높일 수 있는 인간적인 기술'로 받아들여지고 있습니다. 대표적인 적정 기술 사례로는 라이프스트로lifestraw, 세라믹 워터 필터ceramic water filter, 수동식 물 공급 펌프, 큐 드럼Q-drum, 와르카 워터 타워 Warka Water Tower 등이 있습니다.

라이프스트로는 빨대형 정수 장치이며, 제품 1개로 700~ 1,000리터의 물을 깨끗하게 정화해서 마실 수 있습니다. 이

라이프스트로를 사용하면 어디서든 꺼끗한 물을 마실 수 있습니다.

제품은 상수도 처리 시설을 잘 갖추지 못한 국가뿐만 아니라 등산, 캠핑, 재난 시에도 사용이 가능합니다.

세라믹 워터 필터는 세라믹 도자기를 활용해 만든 정수 장치입니다. 세라믹 도자기 제품에 있는 눈에 보이지 않는 작은 틈(공극)을 이용해서 물속의 오염 물질을 걸러내는 원리입니다. 다만 세라믹 필터는 부유 물질 제거에는 효과적이지만, 질병을 일으키는 물속 미생물을 제거하는 데는 한계가 있습니다.

큐드럼은 건조한 지역에서 물 양동이를 갖고 먼 거리를 다녀야 하는 노약자들이 큰 힘을 들이지 않고 물을 나를 수 있도록 만든 도넛 모양의 양동이입니다. 모양이 둥글기 때문에 양동이에 물을 담은 후, 땅에 놓고 줄을 연결해서 끌고 가면 쉽게 물을 나를 수 있습니다.

이러한 적정 기술은 대부분 대규모 시설이나 에너지, 자원을 필요로 하지 않기 때문에 친환경적인 기술이 많습니다. 그래서 적정 기술을 '따뜻한 기술, 지구를 구하는 기술'이라고 부르기도 합니다. 앞에 언급한 적정 기술 이외에, 어떤 적정 기술이 있는지 찾아보고 그러한 적정 기술이 개발된 배경을 조사해 보면 좋은 학습이 될 것입니다. 또는 창의성을 발휘해서 자신만의 적정 기술 아이디어를 생각해 보는 것도 재미있는 탐구가 될 것입니다.

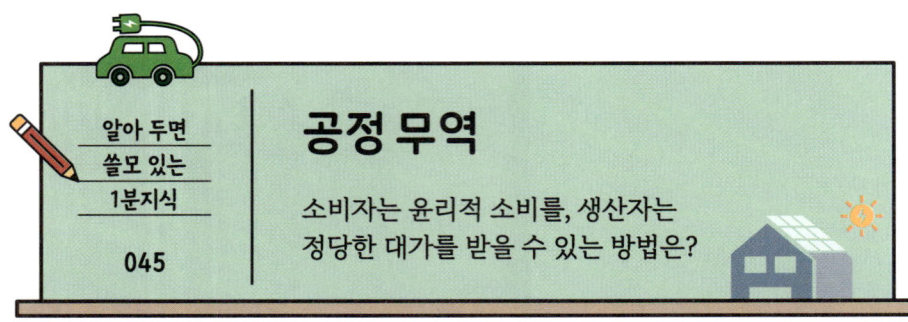

알아 두면
쓸모 있는
1분지식

045

공정 무역

소비자는 윤리적 소비를, 생산자는
정당한 대가를 받을 수 있는 방법은?

우리는 어떤 물건을 살 때 그것이 나에게 꼭 필요한 물건인지, 가격은 합리적인지, 디자인이 마음에 드는지 등을 고려해서 구매를 결정합니다.

그런데 물건을 살 때 사람들이 잘 고려하지 않지만, 중요한 또 다른 요소가 있습니다. 그것은 내가 지불한 금액이 공정하게 생산자에게 가는지, 생산자의 노동 환경이 열악하지는 않은지를 따지는 것입니다. 만약 우리가 운동화를 사면서 10만 원을 지불했는데, 그 운동화 생산 공장에서 일하는 노동자는 100원이나 200원을 받고 대부분의 돈은 기업의 이윤이 되거나 유통업체가 갖게 된다는 것을 알았다면 어떤 생각을 할까요? 그리고 그 운동화 공장의 노동 환경이 매우 열악해서 노동자들이 병에 걸리거나 큰 부상을 자주 입는다는 것을 알게 되었다면 어떤 기분이 들까요?

이런 사례는 이름만 들으면 누구나 알 수 있는 글로벌 운동화 브랜드에서 실제로 벌어진 일입니다. 우리가 지불하는 돈의 극히 일부만이 생산자와 노동자에게 돌아가고, 대부분의 금액은 중간에서 유통업자나 글로벌 기업이 이익을 취하는 구조였습니다.

공정 무역은 이러한 문제가 발생하지 않도록 생산자와 소비자 간에 더 공정하고 지속 가능한 관계를 구축하는 것을 목표로 하는 무역 운동입니다. 다시 말해 대부분의 공장이 위치한 개발 도상국의 생산자들이 더 공정한 조건과 대가를 받을 수 있도록 하는 무역 체계라고 할 수 있습니다.

공정 무역으로 생산자와 소비자는 공평하고 정의로운 관계를 형성합니다.

공정 무역의 대표적인 사례로 '카페 다이렉트Cafe Direct'를 들 수 있습니다. 영국에서 시작된 공정 무역 커피 브랜드로, 공정 무역을 통해 커피 생산자들이 더 나은 생활 조건을 가질 수 있도록 지원하는 것을 목표로 합니다. 카페 다이렉트는 중간 상인 없이 직접 커피 농부들로부터 커피를 구매합니다. 이를 통해 농부들에게 더 높은 가격을 지불하고, 농부들의 소득과 생활 조건을 개선하는 데 기여하는 것입니다. 또한 이 회사는 생산 과정의 투명성을 중시해 소비자들은 자신이 구매하는 커피가 어디에서 어떻게 생산되었는지를 쉽게 확인할 수 있습니다.

그뿐만 아니라 카페 다이렉트는 지속 가능한 농법을 장려하고 있습니다. 이는 환경을 보호한다는 측면과 함께 장기적으로 농부들의 생산력을 유지하는 데 도움이 됩니다. 회사 이윤의 일부를 생산자 커뮤니티에 재투자해 교육, 보건, 인프라 개선 등 다양한 사회적 프로젝트를 지원하는 것도 특징 중 하나입니다. 무엇보다 가장 기본이 되는 것은, 고품질의 커피콩을 선택함으로써 소비자들에게 우수한 맛과 품질의 커피를 제공한다는 점입니다. 공정 무역 제품이 자칫 품질이 떨어진다는 오해를 갖지 않도록 하기 위한 노력이라고 볼 수 있습니다.

우리는 많은 물건들을 소비하며 살아갑니다. 지금까지는 가격의 합리성이나 디자인, 꼭 필요한 물건인지를 중심으로 구매를 결정했다면, 앞으로는 이 물건이 공정한 방식으로 생산되어 나에게까지 왔는지도 확인해 보기 바랍니다.

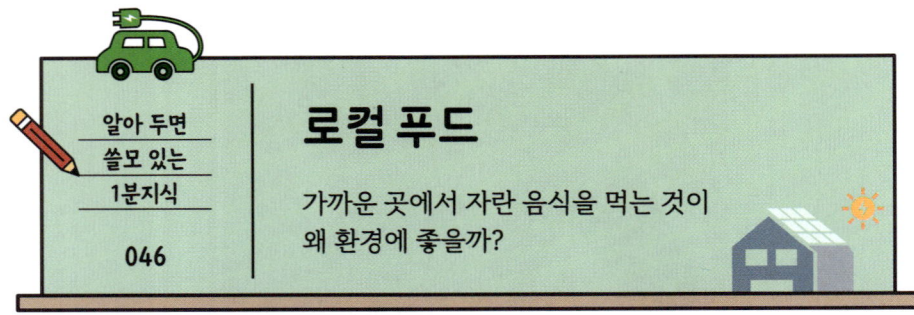

로컬 푸드

가까운 곳에서 자란 음식을 먹는 것이
왜 환경에 좋을까?

우리나라의 도시화율은 80퍼센트를 넘습니다. 그리고 도시에서 살아가는 사람들은 자기 지역에서 생산된 농산물이나 식품을 먹는 것이 쉽지 않습니다. 그럼에도 많은 사람들은 가능하다면 먼 곳에서 생산된 식품이 아니라 가까운 곳에서 생산된 식품을 선호하는 경향이 있습니다. 이렇게 자기가 살고 있는 지역이나 또는 가까운 지역에서 생산된 식품을 로컬 푸드라고 합니다.

보통 로컬 푸드는 신선하고 안전하며, 지역 경제에 도움을 주고, 환경 보호에도 기여하는 특징이 있습니다. 소비자 입장에서 로컬 푸드는 깨끗하며 믿고 먹을 수 있기 때문에 매력적입니다. 요즘에는 안전한 먹거리에 대해 관심이 매우 높기 때문에 로컬 푸드를 선택하는 소비자가 점점 많아지고 있는 상황입니다.

또한 로컬 푸드는 지역 경제 활성화에 도움을 줍니다. 소비자가 로컬 푸드를 사면 돈이 지역 농부나 생산자에게 가기 때문에 지역 경제가 활성화되고, 지역 일자리를 늘리는 효과도 생기게 됩니다. 로컬 푸드는 환경 측면에서도 좋은데, 장거리 운송이 필요 없기 때문에 이동에 따른 탄소 배출량이 적습니다. 또한 농약이나 비료를 대량으로 사용하는 대규모 산업 농업에 비해 토양이나 수질 오염이 발생할 가능성도 낮습니다.

하지만 이런 장점들이 있음에도 로컬 푸드가 활성화되는 데는 몇 가지 어려움이 있습니다. 로컬 푸드의 생산과 유통은 계절과 날씨에 영향을 크게 받기 때문에, 오랫

스마트 농업 기술이 더 보급되면 로컬 푸드의 경쟁력도 더 높아질 것입니다.

동안 안정적으로 공급하는 것이 어려운 경우가 많습니다. 또한 로컬 푸드는 대규모 생산과 유통을 통해 가격을 낮추는 대형 마켓의 제품보다 상대적으로 비쌀 가능성이 높아서 소비자에게 외면당하기도 합니다.

하지만 미래에는 첨단 기술 발전과 함께 도시 농업이나 스마트 농업과 결합된 로컬 푸드가 일반화되어 이런 어려움들을 극복하고 더 많은 사람들이 그 혜택을 누릴 수 있게 될 것으로 전망됩니다. 지금도 빠른 속도로 개선되고 있는 스마트 농업 기술은 로컬 푸드의 생산 효율을 높일 것이고, 드론과 같은 로봇을 활용한 정밀 농업이나 사물 인터넷Internet of Things, IoT 기술을 활용한 농작물 관리 시스템은 로컬 푸드 생산량을 크게 증가시킬 것으로 예상됩니다.

만약 지금까지 먹거리를 구매할 때 그 식품이 어디에서 생산된 것인지 확인하지 않았다면 이제부터라도 생산지를 확인하는 습관을 기르면 좋을 것입니다. 그리고 가능하다면 내가 살고 있는 지역과 가까운 곳에서 생산된 식품을 선택하기 바랍니다. 만약 이런 노력이 번거롭다면, 대형 마트보다는 전통 시장이나 지역 먹거리 협동조합 형태로 운영되는 가게를 이용해서 자연스럽게 로컬 푸드 이용을 늘릴 수 있습니다.

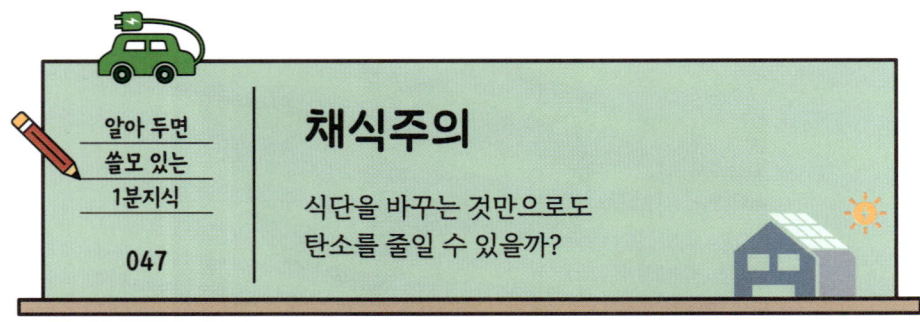

채식주의

식단을 바꾸는 것만으로도
탄소를 줄일 수 있을까?

채식주의라는 말을 들어본 적이 있을 것입니다. 자신이 채식주의자가 아니더라도 요즘은 유명한 연예인들 중에서 채식주의를 선언한 경우가 많고, 채식주의자를 위한 식당이나 음식 메뉴가 점점 많아지고 있습니다. 특히 유럽권 국가에서 여행을 하거나 국제회의에 참석해 보면 음식을 선택하기 전에 채식주의 여부를 확인하는 절차가 일반화되어 있습니다. 이렇게 지구 곳곳에서 채식주의는 보편적인 하나의 식습관으로 자리를 잡았습니다.

채식주의는 말 그대로 육식성 음식물을 섭취하지 않고, 식물성 음식물을 섭취하자는 운동입니다. 채식주의가 확산된 이유는 육식 위주의 식생활에 문제가 많기 때문입니다. 먼저 육식 위주의 식생활은 환경적으로 좋지 않습니다. 소의 경우 사육하는 과정에서 메탄과 같은 온실가스가 다량 배출되고 과도하게 물을 소비하며 무엇보다 산림을 목초지로 개발하는 과정에서 생태계가 파괴됩니다. 소뿐만 아니라 돼지나 양, 닭의 경우에도 정도의 차이만 있을 뿐 환경적인 관점에서 좋지 않은 영향을 주게 됩니다.

과도한 육식은 사람의 건강에도 좋지 않습니다. 도시에 사는 현대인들은 과도한 육식 위주의 식생활로 심혈관계 질환 발생이 증가하고 있습니다. 그래서 최근에는 건강을 위해 육식 중심의 식생활에서 벗어난 채식주의가 관심을 받고 있는 것입니다.

채식을 하게 되는 또 다른 이유는 고기를 생산하는 과정에서 동물들을 잔인하게

채식은 점차 보편적인 식습관으로 자리를 잡아 가고 있습니다.

다루고 죽이는 경우가 많기 때문입니다. 감정과 고통을 느끼는 동물이 이 과정에서 무력하고 잔인하게 죽는 모습은 많은 사람들에게 채식을 결심하게 하는 동기가 됩니다.

보통 사람들은 채식주의자라고 하면 동물성 먹거리는 전혀 먹지 않고, 야채와 과일로만 식생활을 유지하는 사람이라고 생각하는 경우가 많습니다. 하지만 실제로는 그렇지 않습니다. 채식주의는 하나의 식생활 형태를 의미하는 것이 아니라, 육식 위주의 식생활에 대응하기 위한 다양한 식생활 형태를 말하는 것입니다. 그래서 육식을 어느 정도는 허용하는 단계(플렉시테리언)부터 육식을 전혀 하지 않는 단계까지(비건) 채식주의의 범위는 넓게 형성되어 있습니다.

일곱 가지 채식주의 유형

유형	채소	유제품	동물의 알	생선 등 해산물	닭고기 등 가금류	기타 육류
비건	○	×	×	×	×	×
락토 베지테리언	○	○	×	×	×	×
오보 베지테리언	○	×	○	×	×	×
락토-오보 베지테리언	○	○	○	×	×	×
페스코 베지테리언	○	△	△	△	×	×
폴로 베지테리언	○	△	△	△	△	×
플렉시테리언	○	○	○	△	△	△

○ 허용, △ 일부 허용, × 허용하지 않음

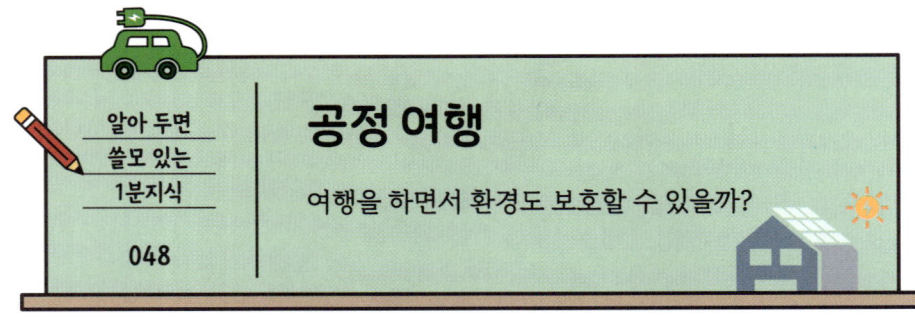

공정 여행

여행을 하면서 환경도 보호할 수 있을까?

'여행'은 사람들에게, 설렘이나 기대감과 같이 좋은 감정을 떠올리게 합니다. 하지만 즐거운 여행이, 그 지역의 환경이나 현지 주민들에게 어떤 영향을 미치는지 생각해 본 적이 있나요? 많은 사람들이 여행을 통해 새로운 문화를 경험하고, 자연 경관을 즐기며, 일상의 스트레스를 해소합니다. 하지만 여행은 생각보다 많은 경우에, 지역 환경을 파괴하고 현지 주민들의 생활에 부정적인 영향을 미칠 수 있습니다. 이러한 문제를 해결하고자 등장한 개념이 바로 '공정 여행'입니다.

공정 여행이란 현지 경제에 긍정적인 영향을 주고, 환경을 보호하며, 지역 주민들과 상생하는 여행 방식을 의미합니다. 이는 관광지에서 돈을 쓰며 여행을 즐기는 것에 그치는 것이 아니라, 현지의 문화와 환경을 존중하는 여행입니다. 예를 들어 그 지역에서 생산된 음식을 먹고, 현지에서 운영하는 숙박 시설을 이용하며, 지역 주민들이 직접 운영하는 투어 프로그램에 참여하는 여행입니다.

공정 여행의 사례로 서울 ○○구의 마을기업에서 운영하는 여행 프로그램을 들 수 있습니다. 이 여행 프로그램은 지역 주민들이 직접 운영하는 전통 문화 체험을 제공하고 있습니다. 방문객들은 전통 공예품을 직접 만들어 보거나, 지역 특산물을 이용한 요리 체험을 하기도 합니다. 이 과정에서 관광객은 지역 문화를 깊이 있게 경험할 수 있으며, 주민들은 안정적인 소득을 얻게 됩니다.

또 다른 사례로는 강원도의 △△군 에코투어가 있습니다. 이 에코투어는 자연 보

에코투어는 공기가 맑은 숲길을 걸으며 자연도 보호하고 마음도 치유하는 여행 프로그램입니다.

호를 위한 환경 친화적인 여행 프로그램입니다. 관광객들은 지역 생태계를 보호하는 방식으로 여행을 즐기며, 현지 주민의 안내를 통해 자연의 중요성과 보전의 필요성을 배우게 됩니다. 이 프로그램은 지역 주민들에게 일자리를 제공할 뿐만 아니라 관광객들에게 지속 가능한 여행의 중요성을 알리는 역할을 하고 있습니다.

이렇게 공정 여행은 단순히 여행객의 만족도를 높이는 것에 그치지 않고 현지 경제를 활성화하고, 지역 주민들의 생활 수준을 향상시키며, 환경 보호에 기여하게 됩니다. 그러나 공정 여행을 실천하는 것은 생각보다 쉽지 않습니다. 저렴하고 편리한 대규모 관광 패키지 상품이 더 매력적으로 보일 가능성이 높고, 공정 여행 상품을 찾거나 여행 계획을 세우는 것은 여행자가 추가로 노력을 들여야 하는 일이기 때문입니다. 하지만 조금 더 신경을 써서 현지 주민들과 상생할 수 있는 여행 방식을 선택한다면, 여행이 더 의미 있고 가치 있는 경험이 될 것입니다.

우리는 여행을 통해 많은 것을 배우고 경험합니다. 지금까지는 단순히 즐거움을 위해 여행했다면, 앞으로는 공정 여행을 통해 현지 주민들과 환경을 배려하는 여행을 실천해 보는 것은 어떨까요?

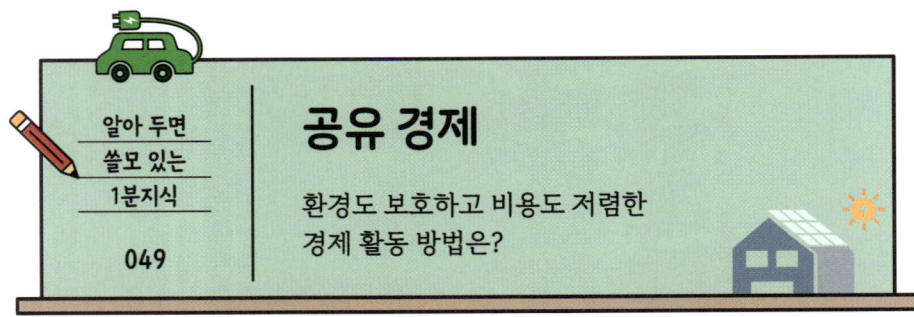

공유 경제

환경도 보호하고 비용도 저렴한
경제 활동 방법은?

공유 자전거, 피씨방, 에어비앤비, 우버. 이들의 공통점이 무엇일까요? 어떤 물건이나 서비스를 사용자가 소유하는 것이 아니라 다른 사람들과 공유(이용)한다는 것입니다. 그리고 이 과정에서 서비스를 이용하는 사람이 서비스 제공자에게 일정한 사용료를 지불하는데, 이런 경제 시스템을 '공유 경제'라고 부릅니다.

공유 경제에 기반한 서비스들은 우리의 일상에 이미 깊이 들어와 있습니다. 도심지에서 짧은 거리를 이동할 때 공유 자전거를 이용할지 고민하는 대학생, 가족 여행을 계획하면서 현지인의 집을 빌리는 것이 더 경제적인지를 따지는 부모님, 시험을 끝내고 친구들과 피씨방으로 향하는 학생들, 기념일을 맞이해서 공유 주방을 빌려서 직접 음식을 만들어 먹으려는 연인의 모습은 주변에서 쉽게 볼 수 있습니다.

공유 경제는 하버드 대학교 로런스 레시그Lawrence Lessig 교수가 만들어낸 개념입니다. 이는 물건을 '소유'에서 '공유'의 개념으로 바꿔 바라보며, 한번 생산된 제품을 여러 명이 공유해서 사용하는 협업 소비를 기본으로 하는 경제를 의미합니다. 그렇다면 과거에 비해 최근 들어 공유 경제가 활성화된 이유는 무엇일까요?

첫 번째 이유는 물건이나 서비스의 과잉 때문입니다. 많은 가정에서 자동차를 한 대 이상 가지고 있는데, 출퇴근 시간을 제외하면 차는 대부분 주차장에 그냥 서 있습니다. 이렇게 집에서 놀고 있는 차를 이용할 방법을 고민하다가 생긴 서비스가 우버입니다. 또 집에 남는 방이 생기거나, 집을 여러 채 갖고 있는 사람들이 많아지면서 놀고 있는 방이나 집을 다른 사람들이 이용할 수 있도록 하자는 것이 에어비앤비입니다. 이렇게 공유 경제는 과도하게 많아진 물건이나 서비스를 공유하고 이를 통해 경제적 이익을 얻기 위해 시작된 것으로 볼 수 있습니다.

공유 자전거를 이용하면 지출도 줄이고 환경도 지킬 수 있습니다.

공유 경제가 활성화된 두 번째 이유는 어떤 물건이나 서비스를 직접 소유하기에 경제적으로 부담이 될 때, 이를 다른 사람들과 효율적으로 나눠서 이용함으로써 부담을 줄일 수 있기 때문입니다. 어쩌다 한번 하는 특별한 요리를 위해 전문적인 주방이나 특별한 요리 기구를 준비하기보다는 공유 주방을 이용하고, 도심지에서 이동을 위해 자전거를 구입하는 대신 공유 전기 자전거를 이용하는 것이 그 사례입니다.

공유 경제는 불필요한 자원이나 물건, 서비스의 낭비를 줄이는 측면이 있기 때문에 환경적, 경제적으로 긍정적인 평가를 받고 있습니다. 또한 최근에는 IT 기술과 접목되면서 편리성이 높아지고, 가격이 더 저렴해지고 있는 추세입니다.

하지만 공유 경제에 부작용이 없는 것은 아닙니다. 과거에는 직접 소유하기 어려웠던 물건이나 서비스를 쉽고 저렴하게 이용하게 되면서 자원이나 에너지 소모가 오히려 많아지기도 하고, 이용자들이 공유 물건과 서비스를 함부로 사용하면서 분쟁이 발생하기도 합니다.

앞으로 공유 경제의 성공 여부는 장점을 더 극대화해서 경제적인 이득을 취하면서도 부작용을 줄이는 방법을 찾아내는 것에 달려 있다고 할 수 있습니다.

알아 두면
쓸모 있는
1분지식

050

지속 가능한 도시

인간과 자연이 공존하는 도시는
어떤 모습일까?

전 세계에서 지속 가능성이 가장 높은 도시는 어디일까요? 지속 가능성의 어떤 지표를 기준으로 두느냐에 따라서 다양한 답이 나올 것입니다. 그럼에도 지속 가능 발전 분야의 전문가들이 지속 가능성이 높은 도시로 가장 많이 꼽는 도시는 독일의 프라이부르크입니다. 이 도시는 생태 친화적인 도시, 지속 가능한 도시로 유명하며 전 세계에서 이 도시를 벤치마킹하기 위해 수많은 도시 기획자들이 찾고 있습니다. 그렇다면 이 도시는 어떤 부분 때문에 지속 가능한 도시가 되었을까요?

프라이부르크는 독일 남부 지역의 유명한 삼림 지대인 슈바르츠발트(흑림)의 관문 도시로 도시 전체의 40퍼센트가 숲으로 덮여 있습니다. 1970년대 대기 오염과 산성비로 흑림이 훼손되자 프라이부르크 시민들과 지역 환경 단체들은 숲을 살리기 위해 나섰습니다. 흑림은 프라이부르크 시민들이 오랫동안 자랑스럽게 생각하며, 시민들의 여가와 휴식을 위한 공간으로 활용되던 곳이었습니다. 부모와 조부모 세대부터 이어져 온 소중한 숲이 순식간에 파괴되면서 시민들은 큰 충격을 받았고 이러한 충격이 환경에 대한 관심을 폭발적으로 높이는 기폭제가 되었습니다.

1975년 독일 정부는 화석 에너지 사용을 대체하기 위해 프라이부르크시 외곽에 원자력 발전소(원전) 건립 계획을 발표합니다. 이에 프라이부르크에서는 지역 주민을 중심으로 원전 반대 운동이 거세게 일어났고, 결국 원전 건설 계획은 취소됩니다. 이 과정을 거치면서 프라이부르크 시민들의 환경에 대한 관심이 더 높아졌고, 단순히 원전 건립을 반대하는 것에 그치지 않고 구체적인 대안으로 태양 에너지에 관심을 갖게 됩니다.

프라이부르크는 1986년에 독일에서 가장 먼저 환경 보호국을 설치했고, 1990년 환경 부시장을 임명했습니다. 1997년에는 온난화 확산 방

프라이부르크는 시민들이 앞장서 훼손된 숲을 되살려낸 지속 가능한 도시의 모범 사례입니다.

지를 위해 '프라이부르크 기후 행동'이라는 실행 계획을 수립한 후 태양 에너지 가발에 본격적으로 나서게 됩니다. 현재 프라이부르크에는 태양광 발전소가 60여 곳, 태양 에너지를 이용하는 난방 및 전기 생산 설비를 설치한 건물이 1,000개를 넘어 '태양의 도시'라는 별명으로 불리고 있습니다.

프라이부르크 시민들은 훼손된 흑림을 되찾기 위해 자전거를 타기 시작했고, 대량 소비 생활을 반성하고 이를 바꾸기 위한 노력을 40년 넘게 이어오고 있습니다. 그 과정에서 시민들과 시 정부가 협력해서 다양한 환경 정책을 실시하고 있습니다. 프라이부르크가 친환경적인 도시로 거듭난 원동력이 바로 여기에 있습니다. 일방적으로 정책을 수립하고 추진하는 것이 아니라 시민과 시 정부가 함께 노력해서 결과를 이뤄낸 것입니다.

우리나라에는 아직 프라이부르크 만큼 유명한 지속 가능 발전 도시가 없지만 도시별로 다양한 지속 가능성을 고려한 정책을 시도하고 있습니다. 자기가 살고 있는 도시에 지속 가능 발전과 관련된 특색 있는 정책으로 어떤 것들이 있는지 확인해 보고, 이러한 정책에 동참해 보기를 바랍니다.

전기차는 정말 친환경적일까?
_전기차

많은 사람들이 전기차는 친환경적이라고 믿고 있습니다. 하지만 전기차가 무조건 친환경적이라고 할 수는 없습니다. 상황에 따라서 친환경 자동차가 될 수도 있고 아닐 수도 있는데, 이를 구분하는 기준은 전기차 배터리를 충전한 전기를 생산한 방식입니다.

전기차가 친환경차로 분류되려면 전기차 배터리를 충전한 전기가 환경 친화적인 방법으로 생산되어야 합니다. 내연 기관 자동차를 친환경차로 분류하지 않는 가장 큰 이유는 화석 연료가 엔진에서 연소되면서 온실가스와 함께 다량의 대기 오염 물질을 배출하기 때문입니다.

그런데 전기차는 엔진이 없고 화석 연료를 태우지 않기 때문에 친환경적으로 보입니다. 하지만 만약 전기차 배터리를 충전한 전기를 화석 연료를 사용한 화력 발전소에서 생산했다면 결국은 내연 기관 자동차와 똑같이 환경에 좋지 않은 영향을 주게 됩니다. 이 경우 내연 기관 자동차는 화석 연료를 자동차 엔진에서 태운 것이고, 전기차는 화석 연료를 화력 발전소에서 태웠다는 차이가 있을 뿐입니다. 따라서 전기차가 늘어나는 것 자체만으로는 친환경적이라고 할 수 없고, 전기차 보급과 함께 신재생 에너지 기반 전기 생산 및 충전 시설 확보가 같이 진행되어야 친환경적이라

전기차를 충전하는 전기 에너지도 신재생 에너지로 만들어야 합니다.

고 할 수 있습니다. 우리나라는 전기차 보급이 빠르게 늘고 있는데, 아쉽게도 신재생 에너지 발전 시설의 증가 속도는 이를 따라가지 못하고 있습니다. 이렇게 되면 친환경 차를 운용하기 위해 화석 연료 발전소의 발전량을 늘려야 하는 모순적인 상황이 벌어집니다.

이렇게 어떤 제품이 생산되고, 소비되며, 폐기되는 전 과정이 환경에 미치는 영향을 주는지 평가하는 것을 '전 과정 평가life cycle eassessment'라고 합니다. 전 과정 평가 관점에서 보면, 아직까지 우리나라 전기차는 친환경 차로 보기 어렵습니다.

화석 연료 기반 발전소에서 생산하는 전기로 전기차를 충전하는 것은 환경 정의 관점에서도 바람직하지 않습니다. 전기차는 보통 대도시에 많기 때문에 도시의 대기 질이 좋아질 수 있습니다. 하지만 늘어난 전기차를 충전하기 위해 발전소 운영을 늘리면 화력 발전소 주변의 대기 환경은 급속도로 나빠질 것입니다. 문제의 원인 제공자와 피해자가 불일치하므로 정의롭지 못합니다.

이제는 전기차를 무조건 친환경적이라고 생각하지 말고, 어떤 제품이든 생산과 소비, 폐기 전 과정이 환경에 어떤 영향을 주는지 꼼꼼하게 확인해 보기 바랍니다.

5부

환경과 질병, 중대 사고

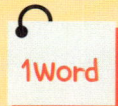 

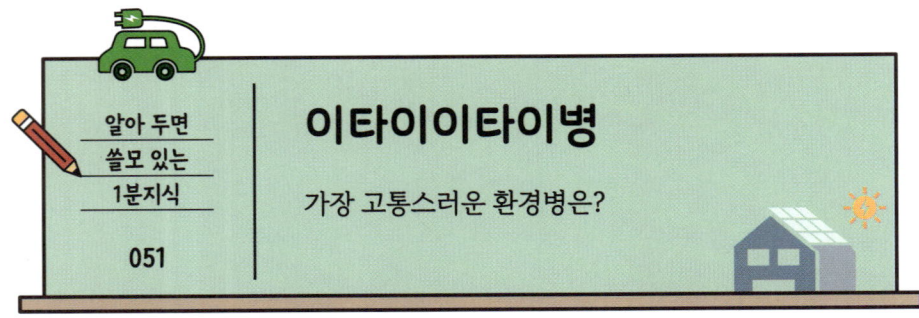

이타이이타이병

가장 고통스러운 환경병은?

환경 오염으로 인해 발생한 대표적인 질병으로 이타이이타이병이 있습니다. '이타이痛い'라는 말은 '아프다'라는 일본어에서 유래된 것으로 1900년대 초, 일본 도야마현의 진즈강 하류에서 발생한 카드뮴 중독으로 인한 공해병을 말합니다.

예로부터 일본 진즈강 유역은 맑고 풍부한 물 덕분에 강물을 그대로 생활에 이용했고, 주로 쌀농사를 짓거나 민물고기를 잡아먹으며 살았습니다. 그런데 1890년대부터 진즈강 하류에서 벼의 생육이 나빠지기 시작했고 1912년부터 진즈강 중하류 유역에 원인 모를 병이 나타나기 시작했습니다. 주민들은 한번 걸리면 낫지 않는 이 병을, 죄를 지은 사람이 걸리는 것이라고 생각하며 두려워했습니다.

당시 진즈강 유역에 이타이이타이병이 발생한 이유는 진즈강 상류에 위치한 가미오카 광산에서 캐내던 중금속들이 강으로 유입되었고 이 강물을 하류 지역 사람들이 이용했기 때문입니다. 특히 일본은 러일 전쟁과 태평양 전쟁을 거치면서 무기를 만들기 위해 가미오카 광산에서 대량의 광석을 채굴했고, 이때 엄청난 양의 카드뮴이 지속적으로 강에 유입되었을 것으로 추정됩니다. 전쟁이 이타이이타이병이라는 환경 사건을 더 심각하게 만드는 데 일조한 것입니다.

1955년 신문에서 이 병이 보도된 이후 이타이이타이병이라고 불리게 되는데, 이 병은 허리나 어깨, 무릎 등의 통증으로 시작되며, 환자의 대부분은 35세 이상 여성이었습니다. 증상이 심해지면 골절이 반복되고 온몸을 덮치는 통증에 시달리면서 환자

이타이이타이병 같은 환경 사고가 다시 일어나지 않도록 자료관을 건립했습니다.

혼자서는 움직일 수 없게 됩니다. 의식은 정상인데, 몸을 움직일 수 없는 상태에서 극심한 통증을 느끼고 "이타이, 이타이"라고 외치며 죽음을 맞이하게 된다고 해서 '이타이'라는 말이 그대로 병 이름이 된 것입니다.

1968년이 되어서야 일본 정부는 다각도의 조사를 통해 이타이이타이병이 카드뮴 만성 중독 때문에 발생하며, 이 카드뮴은 가미오카 광산에서 배출된 것이 틀림없다고 발표합니다. 이는 일본 정부가 공식적으로 공해로 인한 건강 피해 발생을 인정한 첫 사례이며, 이 발표 이후 피해 주민들은 보상과 치료를 적극적으로 받게 됩니다. 하지만 1968년은 병이 처음 발생한 후 50여 년이 지난 시점이어서 이미 많은 사람들이 이유도 모른 채 목숨을 잃은 뒤였습니다. 이 사건 이후에 일본 정부는 공해병에 대해 경각심을 갖고 국가 차원에서 공식적으로 원인을 규명하고, 관련된 법과 정책들도 만들게 됩니다.

현재 도야마현에는 이와 같은 불행한 일이 다시는 발생하지 않도록 하기 위해 '이타이이타이병 자료관'을 건립해서 운영하고 있습니다. 이타이이타이병은 끔찍한 환경 사건이지만, 그랬던 만큼 다음 세대에게 경각심을 주고 이러한 역사가 반복되지 않도록 하는 사례가 되고 있습니다.

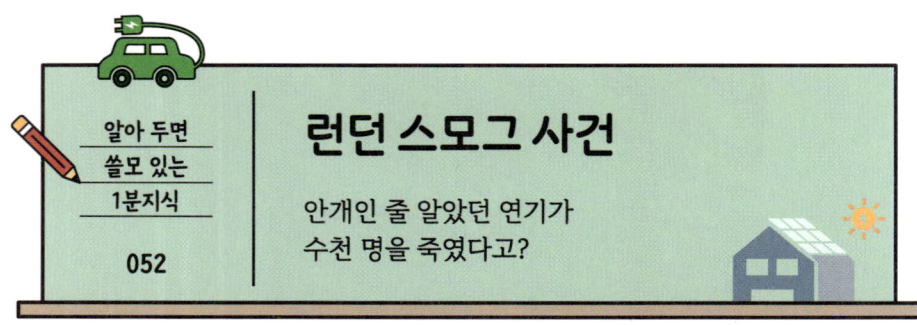

런던 스모그 사건

안개인 줄 알았던 연기가
수천 명을 죽였다고?

대기 오염이 위험하다는 인식이 높지 않던 시절, 오염된 대기로 인해 수많은 사람들이 목숨을 잃는 사건이 발생했습니다. 1952년 12월 4일, 영국 런던의 새벽 기온이 낮아지고 습도가 80퍼센트를 넘으면서 안개가 짙어져 한낮이 되어도 앞을 분간할 수 없는 상태가 되었습니다. 이에 더해 지표면에는 차가운 공기가, 그 위에는 따뜻한 공기가 위치하는 기온 역전 현상이 발생해서 공기의 수직 이동이 일어나지 않았고, 바람마저 불지 않아 런던 지역의 대기는 전혀 움직이지 않는 상태가 됩니다.

이런 대기 상태에서 기온이 더 내려가자 난방을 위해 연료 사용이 급속히 늘어났습니다. 당시 영국은 가정이나 산업 모두 석탄을 주 연료로 사용했는데, 당시 석탄을 태운 연기는 여과 없이 바로 대기로 배출되었습니다. 이렇게 배출된 연기가 움직임이 없는 대기 상태 때문에 주변으로 흩어지지 못하고 런던의 지표면에 머물게 되었고, 안개와 합쳐지면서 스모그를 형성했습니다. 특히 석탄을 태운 연기 속에 있던 아황산 가스는 수증기와 만나면서 황산으로 변했고, 런던 시민들이 이 황산이 포함된 안개를 마시게 되면서 호흡기에 치명적인 손상을 입었습니다.

이러한 현상이 1주일 동안 지속되었고, 사건 발생 3주 만에 4,000명의 런던 시민이 사망하게 됩니다. 그리고 이후 만성 폐 질환으로 8,000명이 추가로 사망해 총 1만 2,000명이 목숨을 잃었는데, 이 사건을 '런던 스모그 사건'이라고 부릅니다.

런던 스모그 사건이 일어나기 전에 영국 등 산업화된 국가에서는 석탄 사용에 따

대기 오염의 위험성을 무시한 결과, 1만여 명의 런던 시민이 목숨을 잃었습니다.

른 대기 오염의 위험성을 이미 알고 있었습니다. 하지만 대기 오염을 해결하기 위해 필요한 비용을 감당하기 어렵다고 생각해서 위험을 무시했고, 그 결과 런던 스모그 같은 대형 참사가 발생하게 된 것입니다.

런던 스모그 사건이 발생한 후에야 영국 등 많은 국가에서 대기 오염을 줄이기 위한 정책과 법을 만들기 시작합니다. 영국은 1956년「청정대기법Clean Air Act」을 제정해서 가정용 난방 기구에서 발생하는 연기, 재, 먼지를 규제하고, 난방용으로 석탄 대신 천연가스, 석유, 무연탄, 전기를 사용하도록 지원하는 제도도 시행합니다.

특히 '무연 지구(연기가 없는 지역)'라고 불리는 배출 규제 지역 지정 제도의 도입이 공기 질 개선에 결정적인 역할을 하게 됩니다. 무연 지구 지정 제도는 지정된 지역에서는 허가받은 연료만을 사용할 수 있도록 한 것입니다.

우리나라도 현재 깨끗한 공기 질을 유지하기 위해 관련 법을 운영하고 있습니다. 이러한 법들이 만들어지는 데 런던 스모그 사건과 그때 희생된 사람들의 영향이 있었다는 것을 기억할 필요가 있습니다.

낙동강 페놀 유출 사건

우리나라에서 환경 운동이 확산되는
전환점이 된 사건은?

낙동강 페놀 유출 사건은 우리나라 역사상 가장 큰 하천 오염 사건 중 하나입니다. 1991년 봄, 낙동강 유역에 살고 있던 주민들은 수돗물에서 냄새가 나고 수돗물을 마신 사람들이 구토한다고 신고했습니다. 처음 이 문제가 발생했을 때는 인체에 해가 없다는 당국의 발표가 있었지만, 결과적으로 발표가 거짓으로 밝혀지며 심각한 하천 오염이 발생했다는 것이 알려지게 됩니다.

이 사건은 두산그룹 계열사인 두산전자가 경상북도 구미시에 있는 공장에서 페놀이라는 유독성 화학 물질 약 30톤을 낙동강에 불법으로 방류하면서 발생했습니다. 당시 배출된 페놀은 허용 기준치 대비 40~60배나 높은 수준이었습니다.

페놀은 플라스틱을 만드는 데 사용되는 원료로 소독제, 방부제, 합성 섬유, 염료, 약품, 폭발물 등의 제조에도 사용됩니다. 페놀은 상온에서 고체 상태이지만, 물에 잘 녹는 성질을 갖고 있으며, 자연 상태에서 분해가 되지 않습니다. 인체에 해로운 화학 물질이며, 만약 피부에 페놀이 접촉될 경우 화상을 입을 수 있고, 섭취할 경우 심각한 건강 문제를 일으키게 됩니다.

페놀이 유출된 낙동강은 남한에서 가장 긴 강으로, 이 사건으로 인해 강물이 심각하게 오염되었고 하천 생태계가 파괴되었습니다. 또한 낙동강은 부산, 대구 등 여러 대도시의 식수원으로 사용되고 있기 때문에, 수백만 명의 주민들에게 직접적인 피해를 끼치게 됩니다.

환경 사건에 초기에 대응하지 못하면 전체 생태계가 피해를 입습니다.

낙동강으로 유출된 페놀은 대구에서 상수원으로 사용하는 취수장으로 유입되었고, 염소를 이용한 정수 처리 과정에서 염소와 페놀이 화학적으로 반응하면서 악취가 발생했습니다. 이후 수돗물에서 냄새가 난다는 민원이 빗발치자 취수장에서는 정확한 원인을 확인하지 않은 채 다량의 염소 소독제를 추가로 투입하면서 악취가 더 심해지는 등 사태가 걷잡을 수 없을 정도로 악화되었습니다.

이 사건은 당시 우리 사회에 큰 충격을 주었고, 환경 운동이 확산되는 전환점이 되었으며, 다양한 환경 보호 단체의 결성으로 이어졌습니다. 또한 사건을 은폐하려 했던 두산그룹 제품에 대한 전국적인 불매 운동이 일어나서 기업 전체 매출이 큰 폭으로 하락하기도 했습니다. 이 사건 이후 두산그룹뿐만 아니라 많은 기업들은 환경 분야에 대한 사회적 책임에 대한 중요성을 인식하게 되었고, 우리나라 정부는 환경 보호 정책과 관련 법령을 강화하게 됩니다.

우리가 낙동강 페놀 유출 사건을 통해 알아야 할 점은, 환경 관련 사건이 애초에 발생하지 않도록 규칙, 법, 제도를 철저하게 따라야 한다는 것입니다. 만약 불가피하게 사건이 발생하면 절대로 사고를 숨기지 말고, 즉시 대응 지침에 따라 정보를 공개하고 대응해야 합니다. 환경 사건은 그 특성상 초기 대응이 피해를 줄이는 데 매우 중요하며, 사건을 덮으려고 하면 할수록 불특정 다수의 사람들과 다른 생물종, 자연환경이 더 큰 피해를 입게 되기 때문입니다.

삼성-허베이스피리트호 원유 유출 사고

환경 사고 가해자의 이름을
아무도 모른다고?

'삼성-허베이스피리트호 원유 유출 사고'를 들어본 적이 있나요? 아마 대부분은 들어본 적이 없을 것입니다. 그렇다면 '태안 기름 유출 사고'는 들어 본 적이 있나요? 아마 한 번쯤 태안 기름 유출 사고는 들어 봤을 것입니다.

놀라운 것은 우리가 알고 있는 '태안 기름 유출 사고'와 '삼성-허베이스피리트호 원유 유출 사고'가 같은 사고를 부르는 이름이라는 점입니다. 같은 사고에 다른 이름이 붙어 있는 것이지요. 이 두 이름의 차이점이 무엇일까요? '태안 기름 유출 사고'는 사고가 발생한 지역이 부각되는 이름으로, 사고로 인한 피해 지역이 이름의 맨 앞에 등장하는 방식입니다. '삼성-허베이스피리트호 원유 유출 사고'는 사고를 일으킨 가해자(삼성중공업 소속 크레인선)와 사고를 당한 선박(홍콩 허베이스피리트호)을 이름에 등장시키는 방식입니다. 이 두 가지 중에서 어떤 방식이 더 바람직할까요?

일반인의 입장에서는 사고가 발생한 지명을 붙이는 방식이 더 기억하기 쉽기 때문에 선호될 수 있습니다. 하지만 사고에 지명을 붙이는 경우에는 몇 가지 문제가 있습니다. 먼저 안 그래도 환경 사고가 발생해서 큰 피해를 입은 지역의 지명(태안)이 사고 이름에 붙으면서 낙인 효과가 생기게 됩니다. 사고 처리가 끝난 이후에도 그 지역이 환경적으로 문제가 있는 지역이라는 오해를 받을 가능성이 높아집니다. 또한 사고 이름을 통해서는 사고를 일으킨 가해자(이번 경우에는 삼성중공업)가 누구인지 알기 어렵다는 문제도 있습니다. 오히려 사고의 피해 지역인 태안 지역만 계속해서 부각되

환경 재난을 일으킨 가해자를 잊어서는 안 됩니다.

는 이름입니다.

그래서 환경 사고가 발생하면, 사고 이름을 정할 때 가해자와 피해 주체를 이름에 명기하자고 주장하는 사람들이 있습니다. 이러한 방식이 더 공정하다고 생각하는 것입니다. '삼성-허베이스피리트호 원유 유출 사고'가 바로 이런 방식으로 붙여진 이름입니다. 사고의 가해자인 '삼성중공업'과 피해를 받고 원유가 유출된 유조선 '허베이스피리트호'를 사고의 이름에서 밝히는 것입니다. 이런 방식은 지명을 붙이는 방식보다 기억하기에는 어려움이 있지만, 그럼에도 한번쯤 고민해 봐야 할 방식이라는 점은 확실합니다.

같은 맥락에서 앞에서 다루었던 '낙동강 페놀 유출 사건'의 경우를 살펴볼 수 있습니다. 이제 이 사건 이름이 새롭게 보이나요? 이 이름으로는 낙동강에 페놀을 유출한 가해자가 '두산전자'라는 사실을 알 수 없고, 아무 죄가 없는 낙동강만 페놀이 유출됐던 강이라는 나쁜 이미지를 영원히 갖게 됩니다. 만약 사고의 이름을 바꾼다면 '두산전자 페놀 방류 사건' 정도가 가능할 것입니다. 여러분도 어떤 방식으로 이름을 정하는 것이 더 바람직한지 한번 생각해 보기 바랍니다.

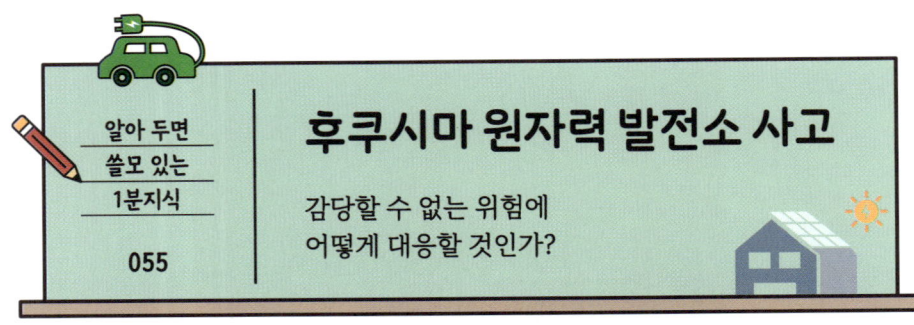

후쿠시마 원자력 발전소 사고

감당할 수 없는 위험에
어떻게 대응할 것인가?

2011년 3월 11일, 일본 동북부 지역에 강력한 지진(동일본 대지진, 리히터 규모 9.0)이 발생했고, 이 지진은 쓰나미tsunami, 津波를 일으켰습니다. 쓰나미는 순식간에 일본 동북부 지역을 덮쳐서, 1만 5,000명이 넘는 사람이 순식간에 목숨을 잃었고, 이후 간접 원인의 사망자까지 합하면 5만 명이 넘는 사람이 희생되었습니다. 문제는 쓰나미가 발생한 지역 해안에 '후쿠시마 제1 원자력 발전소'가 위치해 있었고, 쓰나미에 직격당한 후쿠시마 원전에 문제가 생겼다는 것입니다.

후쿠시마 제1 원전은 1960년대에 지어진 오래된 원전입니다. 그래서 지금의 기준에 비하면 안전 설비가 부족한 상황이었습니다. 지진으로 인한 정전과 들이닥친 쓰나미 때문에 후쿠시마 원전의 비상 전력 공급 시스템과 냉각 시스템이 손상되었고, 원자로의 냉각 기능이 작동을 멈췄습니다.

쓰나미로 냉각 기능이 멈추면서 원자로의 온도가 급격히 상승했고, 이로 인해 원자로 내부의 연료봉이 녹아내렸습니다. 일본 정부와 도쿄 전력은 어떻게든 원자로의 폭발을 막기 위해 바닷물을 쏟아 부었고, 원전 내부의 압력을 감소시키기 위해 증기를 배출하는 과정에서 다량의 방사성 물질이 공기와 바다로 유출되었습니다.

당시 긴박했던 상황은 전 세계로 생중계되었는데, 이 뉴스를 보면서 전 인류는 극심한 무력감을 느꼈습니다. 위험한 상황이 실시간으로 벌어지고, 화면으로 위험이 점점 심각해지는 것을 보고 있음에도 할 수 있는 일이 거의 없었습니다. 원자로의 온

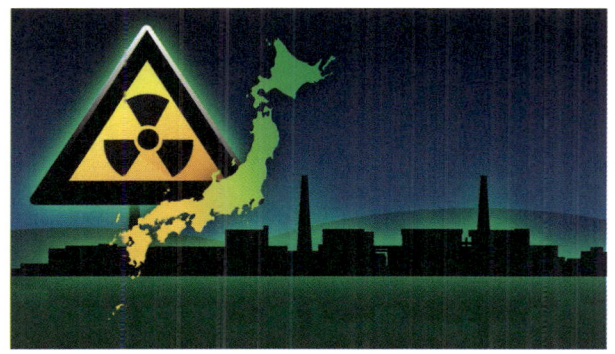
지금 우리에게는 원전의 방사성 물질 유출 사고에 대응할 방법이 없습니다.

도는 계속 상승하고, 결국 폭발할 것이라고 예상하면서도 막을 방법이 없었던 것입니다. 원자력 발전을 반대하는 사람들은 문제가 생겼을 때 사람들이 '감당할 수 없는' 바로 이런 면이 가장 큰 문제라고 말합니다.

후쿠시마 원자로의 폐로 작업은 지금도 진행 중이며, 앞으로도 수십 년이 더 걸릴 것으로 예상합니다. 최근에는 폐로 과정에서 방사능 오염수를 바다에 방류하는 문제가 논란이 되고 있습니다. 바다에 오염수가 방류되면 해류를 타고 지구 어디로든 이동이 가능하기 때문에 많은 국가에서 오염수 방류를 우려하고 있습니다. 특히 우리나라는 지리적으로 인접해 있기 때문에 더 예민하게 진행 상황을 주시하고 있습니다.

우리나라도 동해안을 중심으로 다수의 원전을 가동하고 있습니다. 전문가들은 우리나라 원전의 안전성은 후쿠시마 원전에 비해 월등히 좋기 대문에 걱정할 필요가 없다고 말합니다. 그럼에도 만에 하나 발생하면 감당하기 힘든 원전 사고의 특징 때문에 걱정하는 시민들이 여전히 많은 것도 사실입니다. 원전에 대해 자신은 어떤 입장인지 한번 생각해 보도록 합시다.

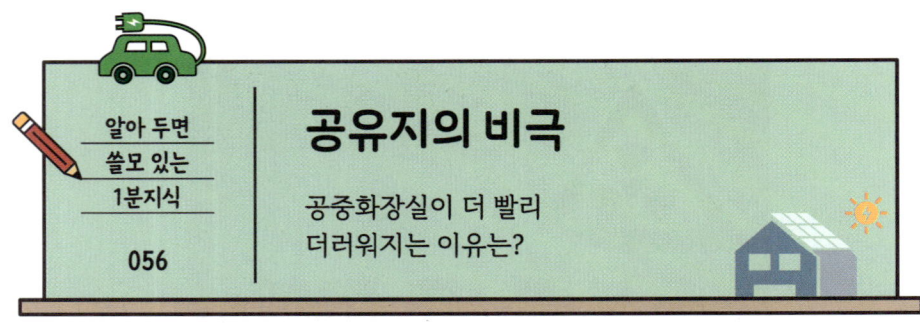

공유지의 비극

공중화장실이 더 빨리
더러워지는 이유는?

누구나 이용할 수 있는 공중화장실과 개인 소유의 건물 화장실이 있다고 했을 때, 다른 조건이 같다면 어떤 화장실이 더 금방 더러워질까요? 공중화장실이 더 빨리 더러워질 것이라고 생각할 것입니다. 아무래도 주인이 분명하지 않은 물건을 함부로 사용할 가능성이 높기 때문입니다.

미국의 생태학자 개릿 하딘은 이와 같은 현상을 하나의 이론으로 주장했습니다. 그는 1968년 『사이언스Science』에 누구나 이용할 수 있는 것(공공재)이 주인이 있는 것(사유재)에 비해 지속 가능성이 부족하다는 주장, 즉 「공유지의 비극The Tragedy of Common」이라는 논문을 발표합니다. 하딘은 이 글에서 "모두에게 개방된 목초지가 있다면, 목동들이 주인 없는 이 목초지에서 경쟁적으로 과도한 숫자의 소를 방목하고, 결과적으로 개방된 목초지는 황폐해지고 말 것이다"라는 주장을 펼쳤습니다.

처음에는 많은 숫자의 소를 방목했으니 목동들의 소득이 일시적으로 높아질 수 있지만, 늘어난 소가 먹는 풀의 양이 목초지 풀이 자라는 속도를 넘어서는 순간 개방된 목초지는 순식간에 파괴될 것이고 이 공간에서 누구도 소를 키울 수 없게 될 것이라는 뜻입니다. 하딘이 제시한 이 사례 때문에, 공유지의 비극은 '공동 목장의 비극'이라는 말로도 불리게 됩니다.

공유지의 비극이 유명해진 이유는, 개인의 입장에서 최선의 선택을 하더라도 그러한 선택이 모였을 경우에 사회의 이익에 반하는 결과가 생길 수 있다는 것을 보여

모두에게 개방된 목초지는 결국 황폐해지고 말 것입니다.

주었기 때문입니다. 그 전까지는 개인이 이익을 추구하고 이를 방해받지 않으면 결국 사회나 국가 전체의 이익 증대로 이어진다는 생각이 일반적이었습니다. 하지만 하딘은 이러한 생각에 의문을 제기한 것입니다.

사실 하딘이 생태학자라는 점을 생각해 보면, 하딘이 왜 이런 주장을 했는지 쉽게 이해할 수 있습니다. 우리 주변의 자연환경(물, 공기, 햇빛, 바다 등)은 대부분 공공재입니다. 그리고 사람들은 비용을 지불하지 않고 이러한 공공재를 사적인 이득을 위해 과도하게 이용하는 경우가 많습니다. 그리고 결과적으로 자연환경은 쉽게 파괴됩니다. 하딘은 이런 모습을 보면서 공공재의 경우 개인들의 이익 추구라는 자율에 맡기면 유지할 수 없다는 '공유지의 비극'을 떠올린 것입니다.

공유지의 비극에 대해서 반론이 없는 것은 아닙니다. 공공재라도 그것을 이용하는 사람들이 일종의 협의를 통해 지속적으로 잘 관리하는 경우도 있기 때문입니다. 바닷가에 사는 사람들이 어촌계를 만들어서 적정 수준에서만 바다를 이용하는 등습이 좋은 사례라고 할 수 있습니다.

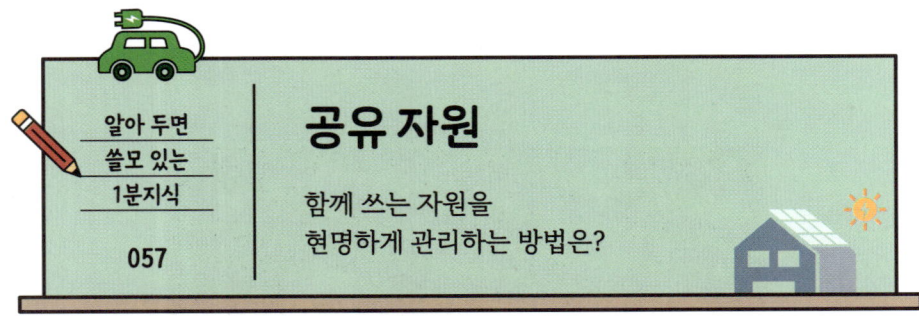

공유 자원

함께 쓰는 자원을
현명하게 관리하는 방법은?

'공유지의 비극' 개념에 따르면, 공유지를 개인이 자유롭게 사용하게 하면 결국 공유지는 파괴됩니다. 개인의 이득만을 극대화하려는 움직임 때문입니다. 그렇다면 이런 문제가 발생하지 않도록 공유지를 국가 또는 공공 영역이 소유해서 관리해야 한다는 결론이 나오게 됩니다. 이론적으로는 이것이 가능해 보이지만, 현실적으로는 쉽지 않습니다. 왜냐하면 국립 공원 같은 대규모의 공유지는 국가가 많은 예산과 인력을 들여 관리할 수 있지만, 좁은 지역의 이름 모를 산이나 강, 들판, 해변과 같은 공유지를 국가가 모두 관리한다는 것은 불가능하기 때문입니다.

국가가 관리하기 어렵기 때문에 작은 규모의 공유지에서 개인의 이익을 극대화하려는 움직임이 자연스럽게 생기고 그 결과 공유지가 파괴되는 것입니다. 최근까지도 이런 상황을 해결하기 위한 유일한 방법으로, 힘들더라도 국가 차원에서 많은 공공재를 관리하자는 주장이 힘을 얻었습니다. 하지만 2009년 엘리너 오스트롬Elinor Ostrom이라는 연구자가 『공유의 비극을 넘어Governing the Commons』라는 책을 출간하면서 분위기가 달라지게 됩니다.

노벨 경제학상 수상자이기도 한 엘리너 오스트롬은, 국가가 관여하지 않는 상황에서도 공동 자원이 파괴되지 않고 유지되는 여러 사례들을 조사해 그 조건을 분석하고, 그 결과를 책에 담았습니다. 오스트롬이 성공 사례를 분석해서 찾아낸 조건은 다음과 같습니다.

· 자원을 공유할 수 있는 이들이 분명하게 정해져야 하고 자원 범위의 경계 또한 명확해야 한다.

· 자원의 사용 규칙과 제공 규칙이 현지 상황을 잘 반영해야 한다.

· 자원 사용의 규칙에 영향을 받는 이들이 의사 결정에 참여하는 것이 중요하다.

어촌계는 공유 자원을 관리하그 활용하는 자치 공동체입니다.

· 자원 사용의 규칙을 위반하는 이들이 나타날 수 있으므로 감시 활동과 위반에 대한 제재가 필요하다.

· 이 제재는 단계를 매겨서 처음에는 작은 벌칙을 부과하지만 위반이 반복되면 큰 벌칙을 부과한다.

· 사용자와 관리자들을 위한 분쟁 해소 장치를 마련해야 하며, 공동 자원 관리는 외부 당국의 승인도 받아야 한다.

우리나라에서도 이러한 조건에 잘 부합하는 사례로 어촌계가 있습니다. 대부분의 어촌계는 국가가 직접 운영하지 않고 주민들과 관계자들이 모여 자치적으로 운영하면서도 환경의 지속 가능성과 지역 주민의 삶, 경제성 모두를 고려합니다.

자신이 살고 있는 지역에서 특정한 공공의 자원이나 공간을 지키기 위해 주민과 지자체가 이와 같은 활동을 하고 있는지 찾아보는 일도 흥미로울 것입니다. 아니면 잘 관리되지 않는 공간이나 자원을 오스트롬의 제안에 따라 개선하는 프로젝트를 수행해 보는 것도 의미 있는 활동이 될 것입니다.

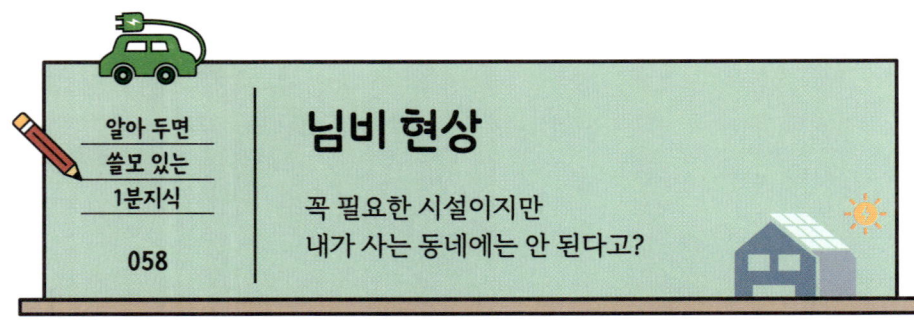

알아 두면
쓸모 있는
1분지식

058

님비 현상

꼭 필요한 시설이지만
내가 사는 동네에는 안 된다고?

님비NIMBY 현상은 공공의 이익에 부합하더라도, 자신이 속한 지역에 이롭지 않은 일을 반대하는 행동을 뜻합니다. 영어 "Not In My Backyard!(내 뒷마당에는 안 돼!)"라는 말의 앞 글자를 따서 만든 단어로 쓰레기 소각장, 장애인 시설, 노숙자 시설, 공항, 화장장, 교도소, 버스 차고지, 공동묘지, 축사, 요양원, 정신 병원, 유기 동물 보호소, 임대 주택 등과 같이 사회나 국가 차원에서 꼭 필요한 시설들이 자신이 거주하는 지역에 들어서는 것에는 반대하는 사회적인 현상입니다.

예를 들어 쓰레기통을 교실 어딘가에는 두어야 하지만, 내가 앉는 자리와 가까운 곳에 두는 것을 반대한다면 이러한 현상을 님비 현상이라고 할 수 있습니다. 쓰레기를 버리는 편의성은 누리고 싶지만, 누군가는 쓰레기통과 가까이 위치할 수밖에 없는 상황에서 자신이 그 대상이 되는 것은 거부하는 행동입니다.

님비라는 단어는 1987년 3월 미국 뉴욕주 아이슬립에서 발생한 사건 때문에 처음 사용되었습니다. 당시 아이슬립 지역에서 배출된 쓰레기를 처리할 방안을 찾지 못하자, 정부는 쓰레기 3,000톤을 배에 싣고 미국 남부 6개 주에서 중남미 연안까지 6개월 동안 항해하면서 쓰레기를 처리할 다른 지역을 찾았습니다. 하지만 도착하는 모든 지역에서 지역 주민들이 강하게 반대했고, 결국 쓰레기를 처리하지 못하게 됩니다. 이때 해당 지역 주민들이 쓰레기 진입을 막으며 외쳤던 구호가 'Not In My Backyard!'입니다.

개인의 이익만을 생각하면 결국 공동체 전체가 피해를 입을 수 있습니다.

　님비 현상은 주로 주민과 중앙 정부의 대립 또는 지자체와 중앙 정부의 대립 구도 속에서 만들어지는 경우가 많습니다. 님비는 결국 모든 사람들이 자신이 살고 있는 지역의 이익을 우선하려는 생각 때문에 벌어지는 일입니다.

　이러한 님비 현상에 반대되는 말도 있습니다. 바로 핌피Please In My Front Yard, PIMFY 현상으로, 주로 사회 기반 시설들을 자신의 지역에 적극적으로 유치하고자 하는 움직임입니다. 혐오 시설 유치에 따른 보상이 매우 클 경우에도 드물게 발생합니다.

님비 현상이 일어나는 원인

경제적 원인	특정 시설이 들어오면서 개인 자산(부동산 가격, 일자리 등)이 영향을 받게 되는 경우
사회·정치적 원인	특정 시설의 입지 결정에 참여하지 못하거나, 공공 정책 자체를 불신하는 경우
보건 및 안전상의 원인	특정 시설이 들어오면 자신의 삶이 안전하지 않을 것이라고 생각하는 경우
환경적 원인	특정 시설이 환경에 미치는 과도한 영향이 결국 자신에게 돌아올 것이라고 생각하는 경우
이념적 원인	특정 시설을 운영하는 것이 자신의 신념이나 이념에 맞지 않는 경우

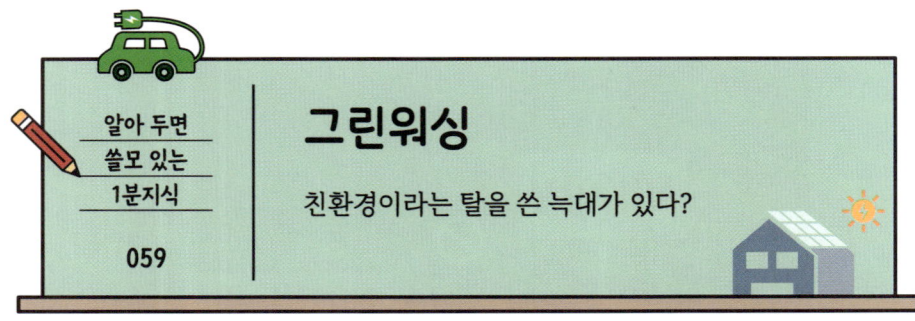

그린워싱

친환경이라는 탈을 쓴 늑대가 있다?

한 항공사가 얼마 전에 다음과 같은 광고를 했습니다.

"저희 ○○ 항공사는 기내식 용기를 다회용 용기로 바꿈으로써 친환경 기업으로 거듭났습니다. 친환경 항공사 ○○ 에어라인! 저희 항공사를 이용하면 환경을 보호하는 데 큰 도움이 됩니다!"

만약 이 광고를 본 일반 시민들이 해당 항공사가 정말 친환경 기업이라고 믿고, 이 항공사를 이용하는 것이 환경 보호에 좋다고 생각하게 된다면 어떤 일이 벌어질까요? 당장 지구상에 존재하는 모든 교통수단 중 단위 거리당 가장 많은 에너지를 소비하고, 가장 많은 온실가스를 배출하는 비행기 운항이 지금보다 더 늘어날 것입니다.

이렇게 '친환경'이라는 말로 홍보를 하지만 결과적으로는 환경에 좋지 않은 영향을 주는 행위를 '그린워싱greenwashing'이라고 부릅니다. 녹색으로 씻어낸다는 뜻인데, 환경적으로 나쁜 영향을 그럴 듯한 환경 이미지로 세탁하는 것입니다. 사실 우리 주변에서 그린워싱은 생각보다 쉽게, 아주 많이 일어나고 있습니다. 기업 입장에서는 제품의 이미지를 친환경으로 포장해서 홍보하는 것이 이득이기 때문입니다.

예를 들어 애플은 2020년부터 출시하는 아이폰에 충전기와 유선 이어폰 제공을 중지했습니다. 그리고 그 이유를 불필요한 자원 낭비를 막고, 환경 친화적인 경영을 하기 위해서라고 밝혔습니다. 물론 충전기와 이어폰을 제공하지 않으면 자원 낭비를 막을 수 있습니다. 하지만 애플이 정말 환경을 위해서 이러한 결정을 내렸는지 확인하기는 어렵습니다. 단순히 원가를 절감하고, 제품 비용을 낮춤으로써 이익을 늘리기 위한 결정이었을 수도 있기 때문입니다. 이처럼 어떤 기업이나 제품이 그린워싱을 했는지 확인하는 것은 생각보다 어렵습니다.

'재활용 가능'과 '친환경'은 동의어가 아닙니다.

캐나다의 친환경 컨설팅 기업인 테라초이스는 2010년에 「그린워싱의 죄악들The Sins of Greenwashing」이라는 보고서를 발표하며 일곱 가지 그린워싱 방법을 제시했습니다. 혹시 내 주변에 있는 물건이나 광고가 이 기준에 해당하는지 확인해 보면 그린워싱 여부를 쉽게 알 수 있습니다.

1. 상충 효과 감추기: 친환경적인 특정 속성만 강조해 다른 속성의 영향은 감추는 행위

2. 증거 불충분: 근거 없이 친환경이라고 주장

3. 애매모호한 주장: 광범위하거나 오해를 일으킬 수 있는 용어 사용

4. 관련 없는 주장: 내용물은 친환경과 무관하지만, 용기가 재활용된다는 이유로 친환경 제품으로 표기

5. 유해 상품 정당화: 환경적이지 않지만 다른 제품보다 오염이 적을 때 친환경이라고 주장

6. 거짓말: 거짓을 광고

7. 부적절한 인증 라벨: 인증받은 상품처럼 위장

환경에 나쁜 줄 알면서도 일회용품을 쓰는 이유는?
_진실을 외면하는 심리학

환경 문제를 다룰 때 반드시 생각해야 할 것이 있습니다. 대부분의 사람들이 환경 문제와 그 위험을 이미 알고 있다는 사실입니다. 보통은 위험을 인지하면 당연히 그 위험을 피하기 위해 행동하는데, 환경 관련 위험은 그렇지 않은 경우가 많습니다.

대표적인 예가 기후 변화입니다. 한국 환경 연구원의 조사에 따르면, 우리나라 성인 10명 중 8명 이상이 기후 변화가 심각하다는 것을 알고 있습니다. 청소년들은 학교에서 체계적으로 배우고 있으니 훨씬 더 잘 알고 있을 것입니다. 하지만 이러한 위험을 알고 있음에도 기후 변화에 적극적으로 대응하는 사람은 많지 않습니다. 위험을 외면하는 것입니다.

심리학적 관점에서 위험을 외면하는 경우는 사람들이 그 위험을 실시간으로 느낄 수 없을 때가 많습니다. 햄버거를 먹어서 탄소 배출을 늘리거나 일회용품 사용 증가로 에너지와 자원 사용이 많아지면 기후 변화 위험도가 커집니다. 하지만 햄버거를 먹고 일회용품을 사용하는 순간에는 그러한 위험이 느껴지지 않고 긍정적인 편익만이 분명하게 느껴집니다. 그래서 햄버거를 먹고 일회용품을 사용하면 환경에 좋지 않다는 것을 알지만, 지금 당장은 나의 편익을 따라서 햄버거를 먹고 일회용품을 사용합니다.

사람들이 기후 변화에 관심을 갖게 하려면 어떻게 해야 할까요?

사람들은 너무 거대한 위험이나 자신이 그 위험을 감당할 수 없다고 느낄 때도 위험을 외면합니다. 죽음이 대표적인 예인데, 죽음은 너무 거대하고 피할 수 없는 위험이라고 생각하기 때문에 대부분의 사람들은 살아가면서 죽음을 떠올리지 않습니다.

이렇게 사람들은 이런 저런 이유로 기후 변화 같은 거대한 환경 위험을 외면하고 있습니다. 사람들이 위험을 외면하지 않고 위험을 직시하게 하려면 어떻게 해야 할까요?

행동의 '결과'에 집중하는 방식으로는 좀처럼 그 행동이 바뀌지 않습니다. '햄버거를 먹지 말아라, 일회용품을 쓰지 말아라' 같은 방식이 결과에 집중해 메시지를 전달하는 것입니다. 이런 말을 한 번 더 들었다고 행동을 바꾸는 사람은 거의 없습니다.

외면하는 사람의 행동을 바꾸려면 행동의 '원인'에 집중해야 합니다. '햄버거를 먹는 것이 나쁘다는 것을 알면서도 왜 먹을까?'로 생각을 전환하는 것입니다. 이렇게 원인에 집중하면 사람마다, 사회마다, 국가마다 다양한 원인이 도출되고 그 원인에 따른 해결책도 찾을 수 있습니다.

6장

환경을 지키기 위한 국제적 노력

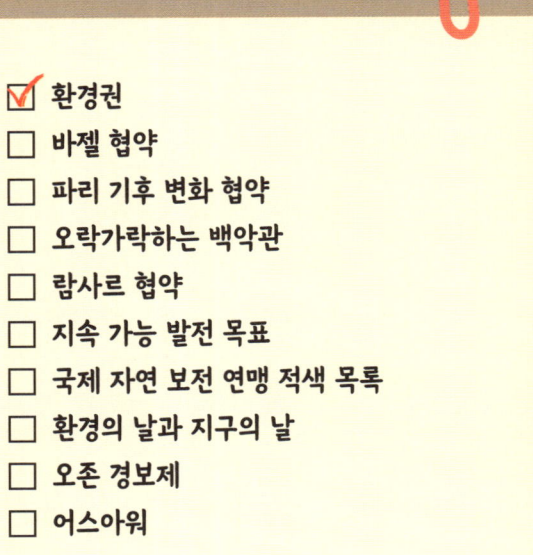

- ☑ 환경권
- ☐ 바젤 협약
- ☐ 파리 기후 변화 협약
- ☐ 오락가락하는 백악관
- ☐ 람사르 협약
- ☐ 지속 가능 발전 목표
- ☐ 국제 자연 보전 연맹 적색 목록
- ☐ 환경의 날과 지구의 날
- ☐ 오존 경보제
- ☐ 어스아워

 ×

 ×

 ×

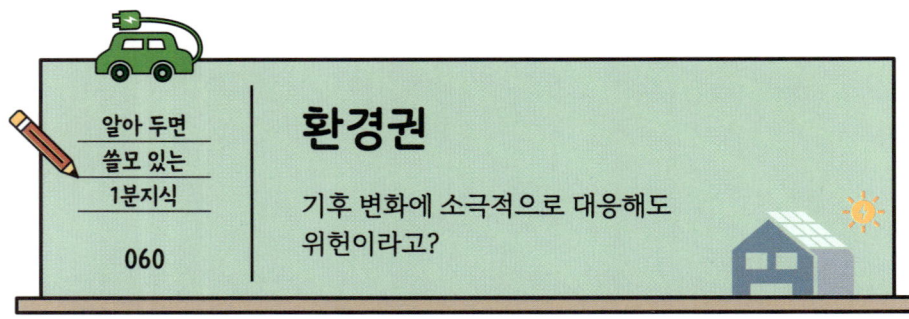

환경권

기후 변화에 소극적으로 대응해도
위헌이라고?

우리 모두는 인간이기에 당연히 갖는 기본적인 권리가 있습니다. 어떤 상황에서도 불합리한 차별을 받지 않는다는 평등권이나 신체를 포함한 생각과 행동의 자유를 보장하는 자유권 등이 그것입니다. 이러한 기본권들은 인간의 기본적인 존엄을 지켜주는 내용들이어서 '인권'이라고도 부릅니다.

인류의 역사는 이러한 기본권을 인간이라면 누구도 예외 없이 가질 수 있도록 확대하는 과정이라고 말할 수 있고, 대부분의 국가들은 시민의 기본권을 지키기 위해 노력하고 있습니다. 우리나라도 이러한 기본권들을 '헌법'에 명기함으로써 어떠한 상황에서도 반드시 지켜야 하는 원칙으로 삼고 있습니다.

인간의 기본권 중 환경권은 인간이 건강한 생활을 영위할 수 있도록 쾌적한 환경에서 생활할 수 있는 권리를 말합니다. 환경권이 기본권에 포함되기 시작한 이유는 산업화 이후 급격한 환경 오염으로 인간의 건강이 위험에 처했기 때문입니다. 즉 환경권은 점차 심각해지는 환경 오염, 환경 문제로부터 벗어나 건강하고 쾌적한 생활을 영위할 수 있는 권리를 의미합니다. 그리고 이러한 생활을 위해서는 안전하게 숨 쉴 수 있는 공기, 마실 수 있는 깨끗한 물, 안전하게 머물 수 있는 땅이 필요합니다. 전 세계적으로 1960년대 말부터 이러한 환경권을 기본권으로 인정하기 시작했습니다.

우리나라도 기본권 수준에서 환경권을 보장하고 있는 국가입니다. 우리나라가 환경권을 헌법에 처음 명기한 것은 1980년 헌법으로, 그 전까지는 환경권을 생존권의 범주에 포함해서 해석했습니다. 하지만 1980년부터 환경권을 별도로 명문화하고 국가와 국민이 좋은 환경에서 살아갈 권리와 함께 자연 보전의 의무가 있음을 규정하고 있습니다. 1987년 개정 헌법에서는 환경권을 더욱 강하게 규정하고 있는데, 현재까지도 이어지고 있는 헌법 제35조의 내용은 다음과 같습니다.

청소년기후행동은 환경 문제에 적극 대응할 것을 요구하며 헌법 소원을 제기했습니다.

헌법 제35조

① 모든 국민은 건강하고 쾌적한 환경에서 생활할 권리를 가지며, 국가와 국민은 환경 보전을 위해 노력해야 한다.

② 환경권의 내용과 행사에 관해서는 법률로 정한다.

③ 국가는 주택 개발 정책 등을 통해 모든 국민이 쾌적한 주거 생활을 할 수 있도록 노력해야 한다.

2020년에 청소년 기후행동 스속 청소년들이 기후 위기를 극복하기 위해 국가가 더 적극적으로 대응해야 한다고 헌법 소원을 제기했습니다. 이 헌법 소원의 근간이 되는 조항이 바로 헌법 제35조 1항입니다. 청소년들 입장에서는 기후 변화가 점차 심해지고 있기 때문에 건강하고 쾌적한 환경에서 생활할 권리를 침해받고 있다고 주장한 것입니다. 이 소송은 제기된 지 4년 5개월 만에 정부의 기후 대응이 일부 헌법에 어긋난다는 판결로 이어졌습니다. 이 판결에 따라 정부는 2026년 2월까지 새로운 기후 대응 대책을 수립해야 하는데, 이것이 어떻게 시행될지 모두가 주목해야 할 것입니다.

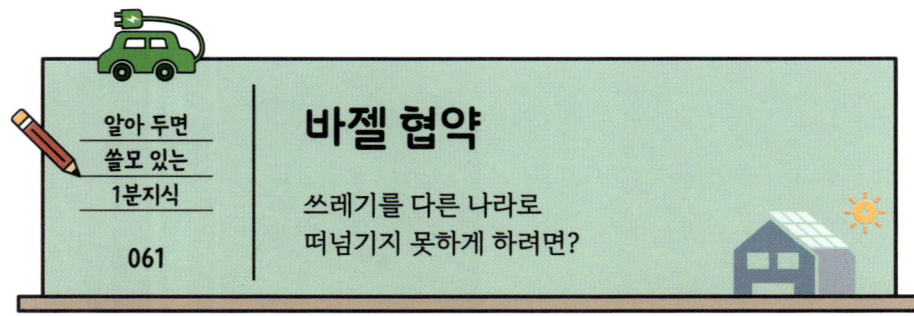

알아 두면
쓸모 있는
1분지식

061

바젤 협약

쓰레기를 다른 나라로
떠넘기지 못하게 하려면?

혹시 쓰레기를 수출한다는 말을 들어본 적이 있나요? 쓰레기를 누가 수입할까 의아
하겠지만 부자 국가인 선진국에서는 쓰레기를 처리하는 비용이 만만치 않아서, 개발
도상국에 돈을 주고 쓰레기를 보내는 경우가 많습니다. 이렇게 쓰레기를 처리하는
것이 더 경제적인 것이죠. 개발 도상국도 선진국에서 들여온 쓰레기가 더럽고 위험
하다는 것을 알지만, 돈을 벌기 위해 울며 겨자 먹기로 쓰레기를 수입하고 있습니다.
그리고 이렇게 수입된 쓰레기는 개발 도상국 내에서 불법으로 투기하거나 아무렇게
나 방치되는 경우가 많습니다.

이렇게 선진국과 개발 도상국 사이에 불공정한 쓰레기 이동이 많아지자 이 문제
를 해결하기 위한 움직임이 생기게 되었고, 그 결과가 '바젤 협약Basel Convention'입니
다. 바젤 협약은 '유해 폐기물의 국가 간 이동 및 처리에 관한 협약'으로 1989년 3월
22일 유엔 환경 계획UN Environment Program, UNEP의 후원을 받아 스위스 바젤에서 채
택되었습니다. 바젤 협약의 주요 내용으로는 유해 폐기물과 기타 폐기물의 처리에서
건전한 관리를 보장해야 하며, 유해 폐기물의 수출 및 수입 시 경유국 및 수입국에
사전 통보를 의무화하고 있습니다. 앞서 이야기한 선진국과 개발 도상국 사이의 비
정상적인 폐기물 거래를 막고자 하는 것이 가장 큰 목적입니다.

바젤 협약이 발효된 이후 병원성 폐기물을 포함한 유해 폐기물의 국가 간 이동이
줄어들었습니다. 대부분의 환경 관련 국제 협약이 미국, EU 등 선진국 주도로 이루

국가 간 비정상적인 폐기물 거래는 바젤 협약에 따라 범죄 행위로 간주합니다.

어진 데 반해, 바젤 협약은 아프리카 등 77 그룹이 주도적인 역할을 하고 있다는 점이 특징이기도 합니다. 이는 개발 도상국들이 선진국의 폐기물 처리장이 되어서는 안 된다는 위기의식을 스스로 갖게 되었다는 의미이기도 합니다.

우리나라는 1994년에 바젤 협약에 가입했고「폐기물의 국가 간 이동 및 그 처리에 관한 법률」을 제정해 1992년 12월부터 시행하고 있습니다. 현재 바젤 협약은 전세계적으로 200여 개 국가가 함께하고 있으며, 조약의 주요 내용은 다음과 같습니다.

· 제4조 제3~7항: 폐기물의 불법 거래를 범죄 행위로 인정해 이 조약에 위반하는 행위를 막고, 처벌하기 위한 조치를 취한다. 또한 비체결국과 폐기물의 수출입을 금지하며, 폐기물의 남극 지역 수출을 금지한다. 폐기물의 운반과 처분은 허가받은 사람만 실시할 수 있다. 그리고 국경을 넘어 폐기물이 이동할 때는 조약에서 정한 서류를 첨부해야 한다.
· 제6조 제1항, 제3항: 이 조약에서 특정한 유해 폐기물과 그 밖의 폐기물을 수출할 때는 수입국이 서면으로 동의해야 한다.

파리 기후 변화 협약

지구의 온도 상승을 막기 위한
인류의 마지막 약속은?

대기 중 온실가스 농도가 높아지고 지구의 온도가 급속히 상승하자, 과학자들이 기후 변화에 대한 위험을 경고하기 시작했습니다. 1990년 이전까지는 기후 변화에 대한 위험을 경고하는 과학자와 아직 걱정할 수준은 아니라고 말하는 과학자들도 공존하는 상황이었습니다. 하지만 1990년이 지나가면서 기후 변화로 인한 기상 이상 현상이 속출하고, 지구 곳곳에서 과거에는 보지 못했던 수준의 재난들이 점점 많아지기 시작했습니다. 1990년대 후반이 되자 대부분의 과학자들은 기후 변화가 인간 때문에 일어나고 있고, 위험의 수준도 대멸종에 준할 정도로 심각하며, 우리에게 남은 시간이 많지 않다는 경고를 쏟아내기 시작했습니다.

이렇게 우려가 현실이 되자 기후 변화를 막기 위한 인류 전체의 노력이 시작되었습니다. 그 첫 번째 결실이 '교토 의정서Kyoto Protocol'입니다. 1997년 12월 일본 교토에서 개최된 지구 온난화 방지 제3차 당사국 총회에서 채택되었고, 2005년 2월부터 발효되었습니다. 교토 의정서는 이산화 탄소를 포함한 여섯 가지 온실가스의 배출량 감축 목표를 지정했으며, 국가들을 선진국과 개발 도상국으로 구분해서 선진국에만 온실가스 감축 의무를 부과했습니다.

선진국의 경우, 2008년부터 2012년까지(1차 공약기) 온실가스 배출량을 1990년 수준보다 적어도 5.2퍼센트 이하로 감축할 것을 목표로 했습니다. 당시 우리나라는 개발 도상국으로 분류되어 온실가스 배출량 감축 의무가 없었으며, 모든 국가의 의무

사항이었던 온실가스 국가 통계
작성과 보고만 수행했습니다.

아쉽게도 교토 의정서는 실패
로 끝나게 됩니다. 가장 많은 온
실가스를 배출하는 미국이 의정
서를 인준하지 않았고, 캐나다는
1차 공약기에만 참여하고 탈퇴했

파리 협정의 목표는 지구 평균 온도 상승폭을
1.5℃ 이내로 유지하는 것입니다.

으며 일본, 러시아, 뉴질랜드도 2차 공약기(2013~2020)에는 참여하지 않겠다는 의사를
밝혔습니다. 선진국만 감축 의무가 있는 상황에서 선진국들이 하나둘 빠지자, 교토
의정서가 유명무실해진 것입니다.

국제 사회는 교토 의정서의 실패 원인을 분석한 후 더 발전된 형태의 기후 변화
대응 협약을 다시 맺었습니다. 바로 '파리 기후 변화 협약(Paris Climate Change Accord)파
리 협정(Paris Agreement)'입니다. 파리 협정은 2015년 12월 프랑스 파리에서 개최된 제21
차 유엔 기후 변화 협약 당사국 총회에서 채택됩니다. 교토 의정서가 주요 선진국에
만 온실가스 감축 의무를 지운 반면, 파리 협정은 195개 당사국 모두 감축 의무를 갖
는 첫 번째 기후 변화 대응 협약입니다. 이 협약에서는 지구 평균 온도 상승폭을 산
업화 이전 시기에 비해 1.5℃ 이하로 묶어둘 수 있도록 전 세계가 노력하자는 매우
높은 수준의 목표를 정했습니다. 그리고 선진국에게는 온실가스 배출량 감축 의무와
함께 개발 도상국이 온실가스 배출량을 수월하게 감축할 수 있도록 재원을 지원하고
기술을 이전해야 한다는 추가 의무도 부과했습니다.

이렇게 우리는 기후 변화에 대응하기 위한 노력에서 한 번 실패했고, 새로운 도전
을 하고 있습니다. 이 새로운 도전이 꼭 성공할 수 있도록 개인, 사회, 국가 모두 각자
의 자리에서 노력합시다.

오락가락하는 백악관

기후 변화 때문에
대통령들이 기싸움을 벌였다고?

기후 변화를 극복하기 위해서는 개인이나 기업의 자발적인 참여만으로는 부족합니다. 그래서 수많은 국가들이 기후 변화를 극복하기 위해 파리 협정에 동참하고 있고, 우리나라도 이 협약에 따라 2050년까지 탄소 중립을 달성하기 위해 노력하고 있습니다. 한 가지 재미있는 일은 현재까지 가장 많이 탄소를 배출한 미국이 기후 변화에 대응하는 태도입니다.

파리 협정이 맺어진 2015년, 당시 미국 대통령이었던 버락 오바마Barack Obama는 파리 협정에 사인하고 미국의 탄소 중립 일정을 발표합니다. 당시 오바마 대통령은 2025년까지 온실가스 배출량을 2005년 대비 26~28퍼센트 감축하겠다는 국가 온실가스 감축목표Nationally Determined Contribution, NDC를 제시하며 기후 변화 대응에 적극적인 의지를 보였습니다.

하지만 1년여가 지나 대통령으로 취임한 도널드 트럼프Donald Trump 대통령은 2017년 '파리 협정 탈퇴'에 사인합니다. 당시 트럼프 대통령은 "파리 협정은 미국에 가장 부당하다. 미국과 시민을 보호할 자신의 의무를 다하기 위해 협정에서 탈퇴하는 것"이라고 언급하며 탈퇴 의사를 밝혔습니다. 또한 파리 협정이 미국 근로자들의 일자리와 임금을 줄이고 공장 문을 닫게 만든다는 주장을, 급기야 기후 변화가 기후 과학자들이 만들어낸 거짓말이라는 주장까지 하게 됩니다.

이러한 트럼프 대통령의 의지는 2021년 조 바이든Joe Biden 대통령이 취임하면서 꺾였습니다. 바이든 대통령은 대통령에 취임하자마자 보란 듯이 임기 시작 후 '파리 협정 재가입' 문서에 서명합니다. 당시 바이든 대통령은 "우리가 마주한 위기에 맞서는 일에 낭비할 시간이 없다. 오늘 대통령 집무실로 향해 곧바

미국 트럼프 대통령은 두 번이나 파리 협정 탈퇴를 선언했습니다.

로 대담한 조치를 취하고 미국 가정들에 즉각적인 안심을 주려고 한다"라고 언급하며 파리 협정에 재가입합니다.

오바마-트럼프-바이든 대통령으로 이어져 오던 기싸움은 2025년에 도널드 트럼프가 다시 대통령에 당선되면서 또다시 반전됩니다. 트럼프 대통령은 백악관에 복귀하자마자 첫 행정 명령으로 '파리 협정 탈퇴' 문서에 서명했습니다. 2015년에 시작된 기후 변화에 대한 미국 정부의 입장이 불과 10년 만에 세 번이나 뒤집힌 것입니다.

이러한 미국의 사례를 통해 국가 수준에서의 기후 변화 대응은 '정치적' 입장에 큰 영향을 받는다는 사실을 알 수 있습니다. 상대적으로 보수적인 정당들은 기후 변화 대응에 소극적인 입장을 보인 반면, 진보적인 정당들은 기후 변화 대응에 적극적인 태도를 보이는 것이 일반적입니다.

기후 변화가 위기 수준으로 이어지고 있고, 그로 인한 피해가 우리 눈앞에 다가왔음에도 정치적인 입장에 따라서 대응 수위가 달라지는 상황을 선뜻 이해하기 어려울 수 있습니다. 하지만 정치는 인간의 삶 전반에 영향을 미치기 때문에 기후 변화에 대응하는 방식에도 영향을 주는 것이 어찌 보면 당연합니다. 따라서 앞으로는 자신이 지지하는 정당이나 정치인이 기후 변화에 대해 어떤 입장을 갖고 있는지 한번쯤은 살펴보길 바랍니다.

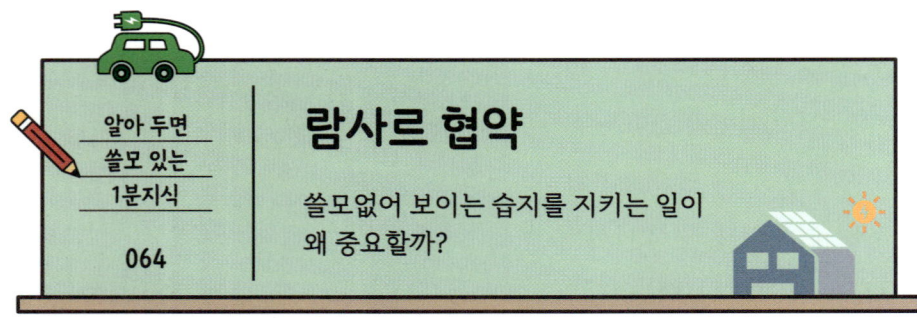

람사르 협약

쓸모없어 보이는 습지를 지키는 일이
왜 중요할까?

습지는 다른 어떤 생태계에 비해서도 다양한 생물들이 살고 있어 서식지로서 보존 가치가 높습니다. 하지만 농사를 지을 수도 없고, 인간이 거주 공간으로 이용하기에도 불편해서 인간이 이용하기에는 적합하지 않은 공간으로 인식되어 왔습니다. 그래서 습지는 쓸모없는 땅, 가능한 한 빠르게 개발해야 할 땅, 지저분하고 관리가 어려운 땅으로 인식되어 아주 쉽게 개발되어 왔습니다.

하지만 습지는 수많은 동식물의 서식지로 생물 다양성을 유지하는 데 중요한 역할을 합니다. 또한 수질 정화, 홍수 조절, 지하수 보충 등의 생태계 서비스를 제공해 인간의 삶에 긍정적인 영향을 줍니다. 그런데 이러한 습지의 가치를 모르는 사람들이 여전히 많아서 습지 생태계는 지금 이 순간에도 빠르게 파괴되고 있습니다.

이렇게 전 세계적인 습지 파괴 문제를 막기 위한 협약이 '람사르 협약Ramsar Convention'입니다. 공식 명칭은 '물새 서식지로서 국제적으로 중요한 습지에 관한 협약'으로 1971년 2월 2일, 이란의 람사르에서 채택되었고, 1975년 12월 21일부터 발효되었습니다. 람사르 협약은 다음의 세 가지 주요한 의무를 갖고 있습니다.

첫째, 지정된 습지의 동식물을 보전하고 생태적 특성 유지
둘째, 지정된 습지의 현명한 이용을 위한 계획을 수립하고 이행
셋째, 습지 자연 보호 구역을 지정하고 적절한 관리를 통해 습지를 보전

2025년 기준으로 172개국이 람사르 협약에 가입했고, 우리나라도 협약에 동참하고 있습니다. 전 세계에서 2,524여 개 습지가 람사르 협약으로 지정되어 보호받고 있으며, 이는 면적으로 치면 약 260만 제곱킬

우포늪은 1998년에 람사르 협약에서 보호 습지로 지정되었습니다.

로미터에 달합니다. 람사르 협약으로 지정되는 습지가 늘어나면서 점점 많은 국가들이 습지의 중요성을 인식하고 습지를 보호하려는 노력도 확대되는 추세에 있습니다.

우리나라에도 람사르 협약에 의해 지정, 보호하고 있는 습지가 여러 곳 있습니다. 경상남도 창녕군에 위치한 우포늪은 우리나라에서 가장 큰 자연 내륙 습지로, 다양한 수생 식물과 동물의 서식지로서 중요한 역할을 하고 있으며, 여러 멸종 위기종이 서식하고 있기도 합니다. 우포늪은 1998년 람사르 습지로 지정되었습니다.

전라남도 순천에 위치한 순천만 갯벌은 독특한 습지 생태계가 형성되어 있으며, 철새들의 주요한 서식지이기도 합니다. 생태 관광지로 유명해서 많은 관광객이 찾는 곳으로 갯벌의 생태적 가치를 보호하기 위한 목적으로 2006년에 람사르 습지로 지정되었습니다. 이 외에도 1997년에 지정된 강원도 인제군에 위치한 대암산 용늪, 2008년에 지정된 제주도 물장오리 오름, 2008년에 지정된 전라남도 우안군에 위치한 무안 갯벌 등이 우리나라를 대표하는 람사르 습지들입니다.

람사르 협약을 통한 보존 지역 지정과 홍보 및 교육이 활발해짐에 따라 이제는 많은 시민들이 습지의 중요성을 알게 되었습니다. 자기가 살고 있는 지역과 가까운 습지는 어디에 있는지 찾아보는 활동을 해보도록 합시다.

지속 가능 발전 목표

전 세계 인류가 더 나은 미래를 위해
합의한 약속은?

우리 인류에게는 200개국이 넘는 국가의 대표들이 모여서 만장일치로 합의한 공동의 목표가 있습니다. 바로 지속 가능 발전 목표Sustainable Development Goals, SDGs입니다. 이는 2015년부터 2030년까지 우리 인류가 이뤄야 할 목표인데, 이 목표가 인류가 합의한 첫 번째 목표는 아닙니다.

우리 인류는 이미 1990년대 말에 처음으로 인류 공동의 목표를 결정했습니다. 1900년대는 두 번의 세계 대전으로 수많은 사람이 죽었고, 질병과 기아 문제가 여전히 심각했으며, 환경 파괴로 인해 인류의 지속 가능성이 점점 위협을 받고 있던 시기입니다. 인류에게 산적해 있던 이러한 문제들을 정확하게 인지하고, 빠른 시간 안에 해결하기 위해서는 인류가 따라야 할 공동의 목표가 필요하다는 결론에 이르렀습니다. 그리고 새로운 천년을 맞이하는 시점에 2000년부터 15년 동안 인류가 이뤄야 할 첫 번째 목표를 발표하게 됩니다. 우리 인류가 처음으로 세운 이 목표는 새로운 천년을 기념한다는 의미에서 새천년 개발 목표Millenium Development Goals, MDGs라고 부릅니다.

새천년 개발 목표는 극심한 빈곤과 기아 퇴치, 초등 교육 보편화, 성 평등 촉진과 여성 권익 신장, 유아 사망률 감소, 임산부 건강 개선, 에이즈와 말라리아 등의 질병 퇴치, 환경의 지속 가능성 보장, 개발을 위한 국제적 협력 증진의 총 8개 목표로 구성되었고, 15년 동안 상당한 성과를 냈습니다.

17개 지속 가능 발전 목표는 전 인류가 함께 달성해야 할 약속입니다..

　새천년 개발 목표 기간 종료가 다가오자, 이후 15년 동안(2016~2030) 우리 인류가 이뤄야 하는 목표를 새롭게 설정했습니다. 그것이 바로 지금 현재 인류의 목표인 지속 가능 발전 목표입니다. 17개 지속 가능 발전 목표는 다음과 같습니다.

17개 지속 가능 발전 목표

목표 1.　모든 국가에서 모든 형태의 빈곤 종식

목표 2.　기아 종식, 식량 안보 확보 영양 상태 개선 및 지속 가능 농업 증진

목표 3.　모든 사람의 건강한 삶을 보장하고 웰빙 증진

목표 4.　모든 사람을 위한 포용적이고 형평성 있는 양질의 교육 보장, 평생 교육 기회 증진

목표 5.　성평등 달성 및 여성, 여아의 역할 강화

목표 6.　모두를 위한 식수와 위생 시설 접근성 및 지속 가능한 관리 확립

목표 7.　모두에게 지속 가능한 에너지 보장

목표 8.　지속적, 포괄적, 지속 가능한 경제 성장 및 생산적 완전 고용과 양질의 일자리 증진

목표 9.　건실한 인프라 구축, 포용적이고 지속 가능한 산업화 진흥 및 혁신

목표 10.　국가 내, 국가 간 불평등 온화

목표 11.　포용적이고, 안전하며 회복력 있고 지속 가능한 도시와 거주지 조성

목표 12.　지속 가능한 소비 및 생산 패턴 확립

목표 13.　기후 변화와 그 영향에 대처하는 긴급 조치 시행

목표 14.　지속 가능 발전을 위한 해양, 해양 자원 보존과 지속 가능한 사용

목표 15.　육지 생태계 보호와 복구 및 지속 가능한 수준에서의 사용 증진

목표 16.　지속 가능 발전을 위한 평화적이고 포괄적인 사회 증진

목표 17.　이행 수단 강화 및 지속 가능 발전을 위한 글로벌 파트너십 재활성화

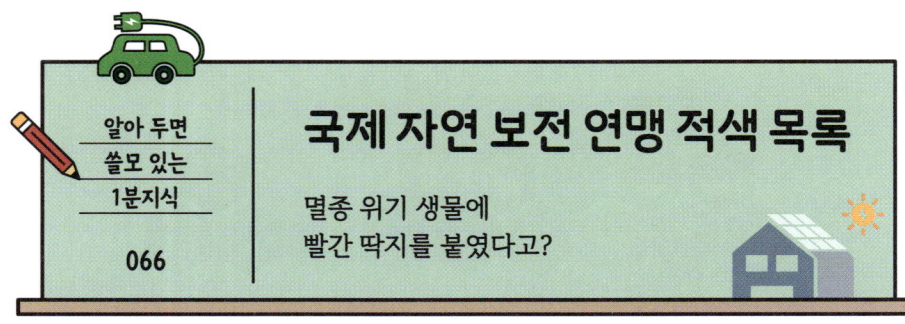

국제 자연 보전 연맹 적색 목록

멸종 위기 생물에
빨간 딱지를 붙였다고?

생물의 멸종을 막기 위한 방법으로, 멸종의 위협이 있는 생물을 따로 그룹화하는 작업이 있습니다. '멸종 위기종 1급, 2급'과 같은 말을 들어본 적이 있을 텐데, 이는 우리나라에서 멸종 위기에 처해 있는 야생 생물을 범주화한 것입니다.

국제적으로도 멸종 위기에 처한 야생 생물을 구체적이고 체계적으로 구분합니다. 국제 자연 보전 연맹International Union for Conservation of Nature and Natural Resources, IUCN은 야생 생물의 멸종을 방지하고 생물 다양성을 보전하기 위해 멸종 위험이 높은 생물을 선정한 후, 이들 종의 분포 및 서식 현황을 담은 자료집을 발간하고 있습니다. 1966년에 처음 발간한 이 자료집은 표지가 붉은색이어서 적색 자료집이라는 별칭을 갖고 있고, 멸종 위험을 나타내기 위해서 생물종을 총 열한 가지 범주와 기준으로 구분하고 있습니다. 이 범주 중에서 위급(CR), 위기(EN), 취약(VU) 세 부류를 합해 멸종 우려라고 합니다.

우리나라도 2011년부터 적색 자료집을 발간하고 있습니다. 2011년도에 조류, 양서·파충류, 어류에 대한 적색 목록을 발간했고, 2012년도에는 포유류, 관속 식물, 곤충, 연체동물에 대한 적색 목록을 발간했습니다.

우리나라에서 개체가 하나도 남아 있지 않은 절멸한 종은 바다사자 1종이며, 지역적으로 절멸한 종은 포유류 5종을 포함해서 총 16종입니다. 멸종 우려종은 포유류 14종을 비롯해 500종에 이르는데, 세계 적색 목록에는 절멸한 종이 927종, 야생 절

국제 자연 보전 연맹에서는 멸종 위기 생물을 체계적으로 분류해 적색 자료집을 발간합니다.

멸한 종은 81종이며, 멸종 우려종은 4만 7,000종이 넘습니다.

적색 자료집에서 사용하는 범주와 기준

범주	기준
절멸(EX)	개체가 하나도 남아 있지 않음
야생 절멸(EW)	자연 서식지에서는 절멸한 상태로 보호 시설 또는 원래의 서스 지역이 아닌 곳에서만 인위적으로 생존하고 있음
위급(CR)	야생에서 절멸할 가능성이 대단히 높음
위기(EN)	야생에서 절멸할 가능성이 높음
취약(VU)	야생에서 절멸 위기에 처할 가능성이 높음
준위협(NT)	가까운 장래에 야생에서 멸종 우려 위기에 처할 가능성이 높음
관심 대상(LC)	위험이 낮고 위험 범주에 도달하지 않음
정보 부족(DD)	멸종 위험에 관한 평가 자료 부족함
미평가(NE)	아직 평가 작업을 거치지 않음
지역 절멸(RE)	지역 내에서 잠재적인 번식 능력을 가진 마지막 개체가 죽거나 지역 내 야생 상태에서 사라짐
미적용(NA)	지역 수준에서 평가하기가 부적절한 것으로 간주됨

환경의 날과 지구의 날

지구 환경이 좋아지면
없어지는 기념일이 있다?

환경과 관련된 다양한 기념일 가운데 가장 대표적인 기념일이 환경의 날(6월 5일)과 지구의 날(4월 22일)입니다.

세계 환경의 날은 1972년 6월 5일 스웨덴의 수도인 스톡홀름에서 개최된 '유엔 인간 환경 회의UN Conference on the Human Environment, UNCHE'를 기념하기 위해 제정되었습니다. 이날 하루만이라도 인간 중심으로 생각하는 것이 아니라 환경을 중심에 두고 생각과 행동, 결정을 해보자는 취지에서 제정한 기념일입니다. 우리나라는 1996년부터 6월 5일 환경의 날을 법정 기념일로 지정했고, 1997년 서울에서 유엔 환경계획이 주최한 '세계 환경의 날' 행사를 개최한 후 30여 년 가까이 행사를 이어오고 있습니다.

이렇게 환경의 날은 유엔에서 주도하기도 했고, 우리나라의 경우에는 법정 기념일이기 때문에 공공 기관이나 정부, 지자체 차원에서 여러 가지 관련 행사를 진행합니다. 야간에 소등 행사를 하거나 시민들이 모여 조깅을 하며 쓰레기를 줍는 줍깅(플로깅plogging)도 하고, 친환경적인 행동을 촉구하는 캠페인을 벌이기도 합니다. 또 학교와 지역 사회가 연계해서 환경 교육을 하기도 합니다. 우리나라는 환경의 날인 6월 5일이 있는 주간을 '환경 교육 주간'으로 지정하고 있습니다. 이 역시 「환경 교육의 활성화 및 지원에 관한 법률」에 따라서 지정된 법정 주간으로, 다양한 환경 교육을 학교와 지역 사회를 중심으로 활발하게 진행하고 있습니다.

2025년 세계 환경의 날 행사는 우리나라 제주도에서 열렸습니다.

이렇게 환경의 날이 공공 영역에서 주도하는 대표적인 환경 기념일이라면, 시민 단체나 개인과 같이 민간 영역에서 주도하는 대표적인 환경 기념일로 지구의 날이 있습니다. 존 맥코넬John McConnell이 처음 제안한 지구의 날은 1970년 4월 22일에 제 1회 행사가 개최되었습니다. 환경의 날보다 2년 더 빨랐고, 환경에 관심을 가진 개인 이 제안해서 행사가 시작되었다는 데 큰 의의가 있습니다.

지구의 날이 계기가 되어 시민 모두가 환경 문제에 더 관심을 가질 필요가 있다는 움직임이 확산되었고, 전 지구적으로 활동하는 환경 단체인 세계 자연 기금World Wide Fund for Nature, WWF, 그린피스Green Peace, 지구의 벗Friends of Earth 같은 비정부 기구들 이 만들어지거나 확장되는 계기가 되었습니다. 우리나라는 1990년 남산에서 처음으 로 지구의 날 행사가 개최되었는데, 우리나라 역시 민간이 주도한 지구의 날이 환경 의 날 지정보다 더 빨랐습니다.

이렇게 1년 중 어느 하루, 환경과 지구를 생각하는 날을 정해서 기념하는 것은 중 요합니다. 하지만 일상의 대다수를 차지하는 평범한 날들에 환경과 지구를 고려해 행동하고 결정하는 것이 훨씬 더 중요하다는 것도 우리는 알고 있습니다. 그렇다면 환경의 날과 지구의 날이 더 이상 특별한 날이 되지 않고 일상이 되도록 하는 것이 우리가 진짜 바라는 미래의 모습이 아닐까요?

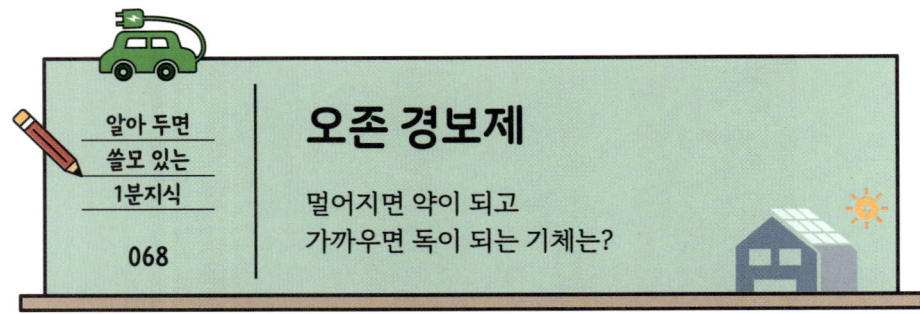

오존 경보제

멀어지면 약이 되고
가까우면 독이 되는 기체는?

기체 중에서 대기 중 어디에 있느냐에 따라 지구 생명체에게 좋은 역할을 하기도 하고, 나쁜 역할을 하기도 하는 기체가 있습니다. 그 기체는 바로 오존(O_3)입니다. 오존은 산소 원자 세 개로 이루어진 매우 불안정한 분자로, 쉽게 다른 물질과 산화 반응을 일으킵니다. 오존은 이러한 특성 때문에 일상생활 속에서 산화 반응을 통한 살균 및 소독에 널리 사용되고 있습니다.

오존은 지구 대기의 여러 층들(대류권, 성층권, 중간권, 열권) 중에서 성층권에 많이 분포합니다. 성층권 오존은 태양으로부터 오는 짧은 파장의 자외선을 흡수해서 인간을 포함한 지구의 생명체를 보호하는 역할을 하고 있습니다. 이렇게 성층권에 몰려 있는 오존을 오존층이라고 부르며, 지구 생명체에 좋은 역할을 합니다.

하지만 높은 농도의 오존이 인간이나 다른 생명체에 직접 닿을 경우, 강한 산화 반응으로 인해 피해를 주기도 합니다. 인간의 활동이 활발하게 일어나는 지표면 가까이에 오존이 많아지면 문제가 발생하고, 이러한 문제를 예방하기 위해 만들어진 제도가 '오존 경보제'입니다.

오존 경보제는 지표면 오존 농도가 환경 기준을 초과할 경우 인체 및 생활 환경에 피해를 주기 때문에 이러한 영향을 최소화하기 위해 시민에게 신속하게 알리는 제도입니다. 오존 경보제는 1시간당 오존 농도에 따라 주의보(0.12ppm/h), 경보(0.3ppm/h 이상), 중대 경보(0.3ppm/h 이상)로 발령하며, 요즘은 경보가 발령되면 휴대폰

지표면 오존 농도는 인체 건강에 해가 되기 때문에 중요합니다.

문자 메시지나 대기 오염 전광판을 통해 알리고 있습니다.

만약 높은 농도의 오존에 노출되면, 호흡기가 자극을 받아 기침이 나고 눈이 따끔거리는 증상이 나타납니다. 심할 경우에는 폐 기능을 약하게 만들기도 하는 등 주로 인체의 호흡기 계통에 영향을 미치기 때문에, 천식 환자나 호흡기 질환자 등은 오존 주의보가 발령될 경우 야외 활동을 하지 말아야 합니다. 오존은 우리 눈에 보이지 않기 때문에 오존 농도가 높아지더라도 육안으로는 식별이 불가능합니다. 즉 오존은 스스로 확인해서 피할 수 없기 때문에 오존 경보가 발령되면 노약자는 반드시 안내된 행동 수칙에 따라야 합니다.

오존은 지표면에서 자동차 배기가스에서 배출된 질소 산화물과 태양 광선과 반응하면 만들어집니다. 햇빛이 강하고 맑은 여름철 오후 2~5시경에 이러한 화학 반응이 가장 활발하게 일어나기 때문에 오존 경보는 일반적으로 도심지에서 한여름, 낮 시간대에 주로 발령됩니다.

따라서 도심지에서 발생되는 오존 문제를 해결하기 위한 근본적인 방법은, 너무 많은 내연 기관 자동차가 도심지를 다니지 않게 하는 것입니다. 내연 기관 자동차는 질소 산화물을 배출할 수밖에 없고, 이는 오존 생성의 원인이 되기 때문입니다. 오존 경보가 발령되면 내연 기관 자동차의 통행을 줄이고, 가능하다면 큰 도로에서 멀리 떨어지는 것이 좋습니다.

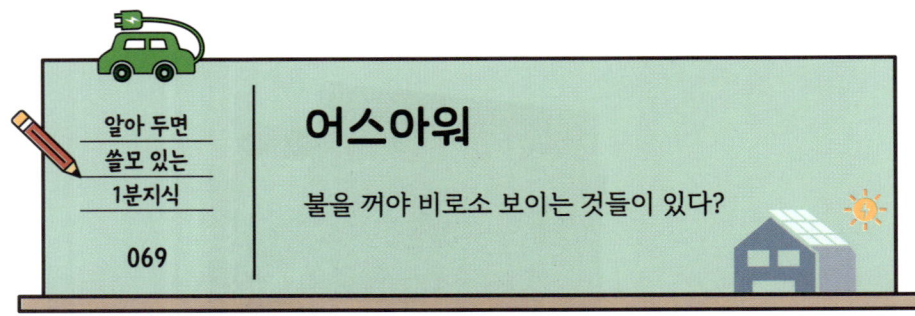

어스아워

불을 꺼야 비로소 보이는 것들이 있다?

환경과 관련된 캠페인 중에서 밤에 일정 시간 동안 전등불을 끄는 캠페인에 대해 들어 봤거나 참여해 본 적이 있을 것입니다. 짧게는 10분부터 길게는 한 시간 정도 불을 끄면서, 에너지 절약이나 환경의 소중함을 느껴보는 캠페인입니다. 이러한 소등 행사의 원조가 어스아워Earth Hour 행사입니다.

어스아워는 민간 자연 보호 단체인 WWF에서 기후 변화의 위험성을 인식하고 탄소 배출량을 줄이기 위한 목적으로 시작한 환경 운동 캠페인입니다. 전 지구의 주요 도시에서 3월 마지막 주 토요일에 한 시간 동안 전등을 끄는 것이 행사의 주요 활동입니다. 2007년 3월 31일 오스트레일리아 시드니에서 처음 시작된 이후 전 세계적으로 확산되었는데, 우리나라는 2012년 3월부터 '60분간 불을 끄고 지구를 쉬게 하자'는 주제로 어스아워에 참여해 서울의 공공 기관, 남산타워, 63빌딩, 국회, 백화점, 호텔, 일반 가정 등이 동참하고 있습니다.

앞선 기념일에 대한 설명에서 1년 중 특정한 환경 기념일에만 지구를 생각하는 것이 아니라 일상이 기념일처럼 되는 것이 목표라고 했던 것처럼, 어스아워도 1년에 하루, 한 시간만 소등하는 것이 아니라 매일매일 전기를 절약하고 지구를 생각하는 삶을 살아가는 것이 궁극적인 목표입니다.

일단 어스아워 행사에 가족들과 함께 동참해 보길 바랍니다. 가족들과 함께 한 시간 동안 불을 끈 상태에서 지구 환경에 대해 진지하게 이야기를 하다 보면 가족 간

1년에 한 시간만 불을 꺼도 에너지와 환경의 소중함을 느낄 수 있습니다.

의 관계도 더 끈끈하게 만들 수 있는 기회가 될 것입니다.

전등을 끄고 한 시간 동안 할 수 있는 일

- 촛불 만찬에 친구를 초대하세요.
- 어둠 속에서도 보드게임을 얼마나 잘하는지 확인해 보세요.
- 캠핑 장비를 꺼내세요. 텐트를 치고 전등이 없었던 옛날이야기를 나눠보세요.
- 숨바꼭질을 해 보세요. 깜깜한 곳에서 하면 조금 힘들 거에요.
- 촛불을 켜고 페인트칠과 뜨개질 등 손재주를 발휘하는 공예에 도전해 보세요.
- 산책을 하세요. 우리가 살고 있는 지구의 하늘을 바라보세요.
- 누워서 휴식을 취하세요. 한숨 주무세요.
- 기존 전구를 환경 친화적인 에너지 절약 전구로 바꿀 수 있는 좋은 기회예요.
- 가전제품의 전원까지 모두 껐다면 냉동실에 있는 아이스크림을 먹어 치우세요.
- 전등은 끄고 휴대폰 등으로 어스아워 웹사이트를 방문해 보세요.

기후 변화 때문에 죄의식과 불안함을 느낀다고?
_기후 우울증

요즘 기후 변화나 환경 문제와 관련된 논의에서 청소년이나 청년들에게 기후 변화의 위험성을 강조하면서 불안감을 조성하지 말자는 목소리가 커지고 있습니다. 우리는 지금까지 청소년을 대상으로 기후 변화에 대해 이야기할 때, '기후 변화가 매우 심각하고 위험하다'라는 당위적인 메시지로 시작하는 경향이 있었습니다. 이렇게 이야기가 시작되면 그 다음은 자연스럽게 다음과 같이 이어지게 됩니다.

① 기후 변화가 매우 심각하고 위험한 상황이다. → ② 그 책임은 우리에게 있다. → ③ 지구를 구하기 위한 시간이 얼마 없다. → ④ 힘을 합쳐서 빨리 지구를 구하자! → ⑤ 변하지 않는 세상을 확인한다. → ⑥ 다시 ①번으로!

하지만 이 같은 전개에는 다음과 같은 문제가 있습니다. 먼저 청소년이나 청년들은 지금 나타나는 기후 변화를 일으킨 당사자가 아닙니다. ②번 항목 '그 책임은 우리에게 있다'에서 적어도 청소년과 청년들의 책임은 거의 없습니다. 지금 지구 전체에서 벌어지는 기후 변화를 일으킨 사람은 기성세대입니다.

④번 항목인 '힘을 합쳐서 빨리 지구를 구하자'에도 문제가 있습니다. 객관적으로

봤을 때 청소년 그룹이 아무리 기후 변화에 대응하기 위한 활동을 열심히 하더라도, 짧은 시간 안에 기후 변화를 해결할 수는 없습니다. 즉 기후 변화를 막기 위해 빠르게 삶의 방식을 완전히 바꾸고 지구를 구해야 하는 주체 역시 기성세대이지 어린 세대가 아닙니다.

기후 변화 때문에 미래에 대한 두려움과 불안을 느끼는 청소년이 늘고 있습니다.

그런데도 우리는 어린 세대에게 너무나 쉽게 기후 변화의 위험성을 강조하고 그들의 죄의식과 불안을 자극하건서 함께 극복하자는 말을 반복합니다. 청소년과 청년들은 이러한 메시지를 아주 어린 나이부터 들어왔기 때문에 기후 변화에 대한 두려움을 갖고 있으며, 미래에 대한 불안감을 키워가다가 급기야는 좌절과 도기에 이르기도 합니다. 최근 청소년에게 만연해 있는 이런 심리적 상태를 '기후 우울증'에 걸렸다고 표현하기도 합니다. 기성세대는 기후 변화를 빨리 막아야 한다는 강박적인 생각 때문에 죄가 없는 청소년을 우울증에 빠뜨리고 있는지도 모릅니다.

이제 위급한 마음을 갖고 삶의 방식을 바꿔서 지구를 구하는 일은 기성세대가 맡고, 미래 세대인 청소년과 청년들에게는 희망을 갖도록 하는 것이 더 바람직합니다. 청소년에게 너무 걱정하지 말고 자신의 꿈과 끼를 찾아서 미래를 설계해 나가라는 메시지를 주는 것이 기후 변화라는 위기를 극복하는 데 더 큰 도움이 될 것입니다. 이제 미래 세대에게 죄의식과 불안은 넘기지 말고 희망과 가능성을 찾도록 해 봅시다. 이러한 방식이 앞선 우리 인류가 다음 세대를 대하는 방식이기도 합니다. 이제 다시 긍정의 마음으로!